中国政府统计研究丛书

中国重点经济领域统计分析

Statistical Analysis on Key Economic Fields in China

许宪春 主编

清华大学中国经济社会数据研究中心

图书在版编目(CIP)数据

中国重点经济领域统计分析/许宪春主编. —北京:北京大学出版社,2018.8
(中国政府统计研究丛书)
ISBN 978-7-301-29479-6

Ⅰ.①中… Ⅱ.①许… Ⅲ.①经济统计—统计分析—研究—中国 Ⅳ.①F222.1

中国版本图书馆 CIP 数据核字(2018)第 084279 号

书　　　名	中国重点经济领域统计分析 ZHONGGUO ZHONGDIAN JINGJI LINGYU TONGJI FENXI
著作责任者	许宪春　主编
责任编辑	郝小楠
标准书号	ISBN 978-7-301-29479-6
出版发行	北京大学出版社
地　　　址	北京市海淀区成府路 205 号　100871
网　　　址	http://www.pup.cn
电子信箱	em@pup.cn　　QQ:552063295
新浪微博	@北京大学出版社　　@北京大学出版社经管图书
电　　　话	邮购部 62752015　发行部 62750672　编辑部 62752926
印　刷　者	涿州市星河印刷有限公司
经　销　者	新华书店
	730 毫米×1020 毫米　16 开本　12.75 印张　202 千字 2018 年 8 月第 1 版　2018 年 8 月第 1 次印刷
印　　　数	0001—4000 册
定　　　价	45.00 元

未经许可,不得以任何方式复制或抄袭本书之部分或全部内容。
版权所有,侵权必究
举报电话: 010-62752024　电子信箱: fd@pup.pku.edu.cn
图书如有印装质量问题,请与出版部联系,电话: 010-62756370

编　委　会

主　编：许宪春

编　委：王有捐　江　源　施发启　徐雄飞
　　　　张　展　张钟文

清华大学中国经济社会数据研究中心
学术指导委员会委员

宁吉喆　国家发展和改革委员会副主任兼国家统计局局长、党组书记、联席主席
邱　勇　清华大学校长、联席主席
邓　卫　清华大学党委副书记
许宪春　清华大学中国经济社会数据研究中心主任
崔述强　北京市委常委、市委秘书长
程子林　国家统计局设管司司长
董礼华　国家统计局核算司司长
文兼武　国家统计局工业司司长
王益烜　国家统计局能源司司长
赵培亚　国家统计局投资司巡视员（主持工作）
王　军　国家统计局国际中心主任
钱颖一　清华大学经济管理学院院长
白重恩　清华大学经济管理学院常务副院长
李　强　清华大学社会科学学院教授
刘涛雄　清华大学社会科学学院党委书记
薛　澜　清华大学公共管理学院院长
钱　易　清华大学环境学院教授、中国工程院院士
江　亿　清华大学建筑节能中心主任、中国工程院院士
毛其智　清华大学建筑学院教授

刘洪玉　清华大学土木水利学院教授
李　政　清华大学热能工程系主任、机械工程学院副院长
崔保国　清华大学新闻学院副院长
史静寰　清华大学教育研究院常务副院长
苏　竣　清华大学智库中心主任
孟庆国　清华大学文科处处长
李家强　清华大学教育基金会秘书长

清华大学中国经济社会数据研究中心
执行委员会委员

钱颖一　执行委员会联席主任,清华大学经济管理学院院长
李　强　执行委员会联席主任,清华大学社会科学学院教授
许宪春　委员,清华大学中国经济社会数据研究中心主任
程子林　委员,国家统计局设管司司长
董礼华　委员,国家统计局核算司司长
毛其智　委员,清华大学建筑学院教授
苏　竣　委员,清华大学智库中心主任
孟庆国　委员,清华大学文科处处长

主　任：
许宪春　清华大学经济管理学院教授

副主任：
陆　毅　清华大学经济管理学院教授
刘精明　清华大学社会科学学院教授

1

序　言

改革开放以来,中国经济经历了长期的快速发展,经济实力和人民生活水平显著提升。同时,中国经济与世界经济的融合度不断加深,中国经济发展所面临的环境越来越复杂,影响因素越来越多,挑战越来越严峻。在中国特色社会主义进入了新时代的背景下,准确地分析经济形势,对于进行科学的经济决策,保持经济持续健康发展,全面建设社会主义现代化国家的奋斗目标具有重要意义。本书运用统计和国民经济核算理论方法、翔实的统计和国民经济核算资料,对改革开放以来,特别是近些年来房地产经济、汽车产业、高技术产业、投资、对外开放、居民收入分配、经济结构、国际收支结构和金融运行等重点经济领域进行了深入分析,目的在于揭示这些重点经济领域的运行状况、特点及其在国民经济发展中的作用,为经济决策提供可资借鉴的建议,促进经济持续健康发展和全面建设社会主义现代化国家奋斗目标的实现。全书共由九篇研究报告组成。

第一篇是关于房地产经济对中国国民经济增长的作用研究。本篇运用统计和国民经济核算理论和方法,对房地产经济的范围和内涵进行了科学界定,在此基础上从房地产开发投资、房地产生产和房地产消费三大领域系统完整地定量分析了房地产经济对中国国民经济增长的重要作用,提出了保持房地产经济合理增长的建议。

第二篇是关于汽车产业在经济发展、转型升级和实施制造强国战略中的重要作用研究。本篇运用统计和国民经济核算理论和方法,从生产和需求等多维度视角分析了汽车产业对中国国民经济增长的影响,揭示了汽车产业在经济转型升级和实施制造强国战略中的重要作用,提出了制造强国战略下中国汽车产业发展的路径建议。

第三篇是关于高技术产业发展对经济增长和促进就业的作用研究。本篇运用统计和国民经济核算理论和方法,从投资、生产和就业的角度系统完整地分析了高技术产业发展对中国国民经济发展的影响,揭示了促进高技术产业快速发展对于应对经济下行和转变发展方式的重要意义。

第四篇是关于中国的投资增长及其与财政政策的关系研究。本篇辨析了全社会固定资产投资和固定资本形成总额这两个反映固定资产投资发展变化情况的重要指标,在此基础上分析了改革开放以来固定资产投资的增长表现及其对经济增长的贡献,阐释并分析了财政政策对我国固定资产投资增长的影响,提出了切实发挥财政政策稳定投资增长的建议。

第五篇是关于对外开放对中国经济增长的贡献测算与分析研究。本篇梳理了加入世界贸易组织以来中国对外开放领域发生的巨大变化,运用统计和国民经济核算理论方法,从对外贸易、实际利用外资和来自国外要素收入的角度系统地分析了对外开放对中国经济增长的贡献,提出了更好发挥对外开放作用、促进中国经济增长的建议。

第六篇是关于中国居民收入分配状况研究。本篇系统阐述了"十二五"以来中国居民收入分配的状况,梳理了居民收入的增长情况及其在国民可支配总收入中的占比变化,分析了居民收入的构成变动,揭示了居民收入差距的多维度演进,比较了中国居民收入基尼系数在国际上的相对水平。

第七篇是关于中国经济结构的变化与面临的挑战研究。本篇系统分析了近年来我国产业结构、需求结构、区域结构、收入分配结构、对外贸易结构等重要经济结构的变化,揭示了中国经济结构各领域仍然面临的挑战,提出了继续推进中国经济结构调整的建议。

第八篇是关于中国国际收支结构的变迁研究。本篇系统阐述了2003—2015年间中国国际收支结构的变迁状况,梳理了国际收支运行环境的变化,分析了国际收支总体状况的阶段性特征,从货物贸易、服务贸易、初次收入和二次收入、直接投资、证券投资以及其他投资等方面揭示了国际收支主要项目的具体变迁。

第九篇是关于中国金融运行的特征、挑战及发展趋势研究。本篇梳理了2015年中国金融领域的重大改革,从总体和结构两方面分析了货币供应量、社会融资规模、贷款和市场利率等主要金融指标的特征,揭示了金融运行中面临的突出问题,对未来金融运行的发展趋势进行了展望。

许宪春

2017年12月

目 录

1. 房地产经济对中国国民经济增长的作用研究

　　　　　　　　　　许宪春　贾　海　李　皓　李俊波（ 1 ）

　一、房地产经济的界定 …………………………………………（ 2 ）

　二、房地产开发投资对国民经济增长的贡献 …………………（ 3 ）

　三、房地产生产对国民经济增长的贡献 ………………………（11）

　四、房地产消费对国民经济增长的贡献 ………………………（17）

　五、余论 …………………………………………………………（20）

　参考文献 …………………………………………………………（23）

2. 汽车产业在经济发展、转型升级和实施制造强国战略中的重要作用

　　　　　　　　　　　　　　许宪春　江　源　陈颖婷（24）

　一、中国汽车产业的发展历程及其国际地位 …………………（25）

　二、中国汽车产业的生产特征及其对于工业的贡献 …………（30）

　三、中国汽车产业对国民经济的贡献 …………………………（35）

　四、汽车产业在中国经济转型升级、实施制造强国战略中的重要
　　　作用 …………………………………………………………（53）

　五、关于制造强国战略下中国汽车产业发展路径的探讨 …………（61）

　参考文献 …………………………………………………………（65）

3. 高技术产业发展对经济增长和促进就业的作用研究

张钟文　叶银丹　许宪春　赵艳朋（68）

一、高技术产业投资对国民经济增长的作用 ………………………（69）
二、高技术产业生产对经济增长的贡献 ……………………………（76）
三、高技术产业对促进就业的作用 …………………………………（83）
四、结论 ………………………………………………………………（88）
参考文献 ………………………………………………………………（89）
附录一　全社会固定资产投资增长率与高技术产业投资增长率 …（90）
附录二　高技术产业类别在投入产出表中的对照 …………………（91）
附录三　GDP 平减指数与高技术产业各大类价格指数 ……………（92）
附录四　现价高技术产业增加值占比情况 …………………………（92）
附录五　不变价高技术产业增加值占比情况 ………………………（93）

4. 中国的投资增长及其与财政政策的关系

许宪春　王宝滨　徐雄飞（94）

一、两个固定资产投资统计指标及其比较 …………………………（94）
二、改革开放以来中国的投资增长表现 ……………………………（99）
三、财政政策对中国投资增长的影响 ………………………………（106）
参考文献 ………………………………………………………………（115）

5. 对外开放对中国经济增长的贡献测算与分析

施发启　戴旻乐　曾宪欣（116）

一、入世以来我国对外开放发生的巨大变化 ………………………（117）
二、对外开放对我国经济增长的贡献测算和分析 …………………（118）
三、提高对外开放对我国经济增长贡献的政策建议 ………………（124）

6. 中国居民收入分配状况研究

王有捐（126）

一、中国居民收入增长较快 …………………………………………（126）
二、中国居民收入构成发生变化 ……………………………………（128）

三、中国居民收入差距总体上有所缩小 …………………… (129)

四、中国居民收入基尼系数在国际上仍处于较高水平 ………… (133)

7. 中国经济结构的变化与面临的挑战

许宪春等 (136)

一、我国重要经济结构正在发生积极变化 …………………… (136)

二、我国经济结构仍然面临比较严峻的挑战 ………………… (147)

三、关于我国经济结构调整的一些思考和建议 ……………… (154)

8. 中国国际收支结构的变迁

王春英　赵玉超　常国栋　管恩杰 (158)

一、国际收支运行环境 …………………………………… (158)

二、国际收支总体状况 …………………………………… (162)

三、国际收支主要项目 …………………………………… (166)

9. 中国金融运行的特征、挑战及发展趋势

闫先东　胡新杰 (173)

一、积极推进金融改革 …………………………………… (173)

二、金融运行总体平稳，结构进一步优化 …………………… (175)

三、金融运行中面临的突出问题 …………………………… (179)

四、2016 年金融运行展望 ………………………………… (184)

1. 房地产经济对中国国民经济增长的作用研究*

许宪春 贾 海 李 皎 李俊波**

【摘要】 本文运用统计和国民经济核算理论与方法,对房地产经济的范围和内涵进行科学界定,在此基础上从房地产开发投资、房地产生产和房地产消费三大领域系统完整地定量分析房地产经济对我国国民经济增长的重要作用,结果表明:房地产经济合理增长对国民经济健康发展具有重要意义,但同时房地产经济增长速度过快或过慢,都会影响国民经济的稳定增长。为了保障国民经济健康稳定增长,应保持房地产经济的合理增长。

改革开放以来,特别是20世纪90年代以来,城镇化的快速发展、城镇住房制度的改革及其深化,使房地产在推动我国国民经济发展、提高人民生活水平方面发挥了重要作用。因此,关于房地产与国民经济之间关系的研究成为经济研究中的一个重要领域。有些学者从房地产作为国民经济的一个产业的角度,研究它对我国国民经济其他产业的带动作用。[1] 有些学者从房地产业增加值占

---

* 本文发表于《中国社会科学》2015年第1期。
** 许宪春,国家统计局高级统计师;贾海,国家统计局固定资产投资统计司高级统计师;李皎,国家统计局固定资产投资统计司高级统计师;李俊波,国家统计局固定资产投资统计司统计师。
[1] 王国军、刘水杏:《房地产业对相关产业的带动效应研究》,《经济研究》,2004年第8期;李玉杰、王庆石:《我国房地产业对国民经济其他产业的带动作用研究》,《山东财政学院学报》,2011年第1期;同永涛、冯长春、宋增文:《房地产业对国民经济带动作用新释——基于投入产出模型的分析》,《建筑经济》,2007年第6期。

GDP的比重，以及房地产开发投资增长对全社会固定资产投资增长的贡献的角度，研究房地产对我国国民经济的作用。[①] 有些学者从房价变化的角度，研究房地产对我国居民消费和经济增长的影响。[②] 有些学者从房地产开发投资与GDP之间关系的角度，研究房地产对我国国民经济的影响。[③] 但是迄今为止，关于房地产对我国国民经济增长作用的研究，还缺乏系统性和完整性。本文则依据统计和国民经济核算理论和方法，对房地产开发投资、房地产生产、房地产消费进行了清晰的界定，并将这三个领域定义为房地产经济。在此基础上，从这三个彼此密切联系的领域，比较系统而完整地研究了房地产经济对我国国民经济增长的作用，探索房地产经济的合理增长对我国国民经济持续健康发展的重要意义。对房地产开发投资领域，依据投资统计中的房地产开发投资与全社会固定资产投资之间的关系，以及全社会固定资产投资与支出法国内生产总值(GDP)核算中的固定资产形成总额之间的关系，定量测算了房地产开发投资对国民经济增长的贡献；对房地产生产领域，不仅定量测算了房地产业对国民经济增长的贡献，还利用投入产出模型定量测算了房地产开发投资拉动建筑业、工业、交通运输业、批发和零售业等相关行业对国民经济增长的贡献；对房地产消费领域，定量测算了房租支出、住房维修管理费、水电煤气费用和自有住房服务虚拟支出等居住支出对国民经济增长的贡献。本文为全面客观地认识房地产经济、制定科学合理的房地产经济政策提供了有价值的参考。

一、房地产经济的界定

本文讲的房地产经济包括房地产开发投资活动、房地产生产活动和房地产消费活动三个领域。

房地产开发投资活动系指房地产开发企业统一开发房屋建筑物、配套服务设施、开发土地和购置土地等经济活动。从房地产经济自身的循环来看，房地

---

① 李启明：《论中国房地产业与国民经济的关系》，《中国房地产》，2002年第6期。
② 赵杨、张屹山、赵文胜：《房地产市场与居民消费、经济增长之间的关系研究——基于1994—2011年房地产市场财富效应的实证分析》，《经济科学》，2011年第6期。
③ 沈悦、刘洪玉：《中国房地产开发投资与GDP的互动关系》，《清华大学学报（自然科学版）》，2004年第9期。

产开发投资活动可以看作循环的起点,其结果是建成住宅等各类房屋建筑物,这些房屋建筑物进入房地产的生产和消费环节,使房地产经济的循环得以有效进行。

房地产生产活动系指房地产业本身和房地产相关行业的生产活动。房地产业生产活动包括房地产开发经营、物业管理、房地产中介服务、自有房地产经营活动和其他房地产业生产活动。房地产相关行业的生产活动包括建筑、建材、物流、金融等与房地产密切相关产业的生产活动。房地产生产活动实现房地产业和房地产相关产业的发展,是房地产经济循环过程的重要中间环节。

房地产消费活动系指居民生活用房以及与之相关的服务消费活动,包括生活用房租赁、维修、物业管理、中介服务、生活用水电燃料、自有住房服务等消费活动。房地产消费活动是对房地产投资和生产服务的使用,是房地产投资和生产活动的最终目的。

之所以从投资、生产和消费三个角度考察我国房地产经济,是因为房地产经济对国民经济增长的作用表现在投资、生产和消费三个领域。这三个领域既有所区别,又密切联系。从投资领域看,它表现为房地产开发投资对国民经济增长的贡献;从生产领域看,它表现为房地产业和相关行业对国民经济增长的贡献;从消费领域看,它表现为住房服务和相关服务消费对国民经济增长的贡献。房地产开发投资拉动房地产生产,房地产生产服务于房地产消费,房地产消费的升级换代催生新的房地产开发投资。

二、房地产开发投资对国民经济增长的贡献

(一) 房地产开发投资的概念和统计方法

房地产开发投资是指全部房地产开发法人单位(以下简称"房地产开发企业")统一开发的房屋建筑物、配套的服务设施,以及土地开发工程和土地购置的投资。其中,房屋建筑物包括住宅、厂房、仓库、饭店、宾馆、度假村、写字楼和办公楼等;配套的服务设施包括为完成楼盘总体规划而建设的小区内道路,以及为提高商品房品质而建设的绿地和其他必要设施;土地开发工程是指前期工程,包括通电、路、暖、气、给水、排水、通信和平整场地(即"七通一平")等基础设

施工程;土地购置投资指房地产开发企业通过各种方式("招拍挂"、出让、划拨等)取得土地使用权而支付的费用。

房地产开发投资分为建筑工程、安装工程、设备工器具购置和其他费用。建筑工程指各种房屋、建筑物的建造工程;安装工程指各种设备、装置的安装工程,其中不包括被安装设备本身的价值;设备工器具购置指购置或自制的、达到固定资产标准的设置、工具、器具的价值;其他费用指在固定资产建造和购置过程中发生的除上述构成部分以外的费用,其中包括土地购置费。

房地产开发投资采取全面统计调查方法,即对所有房地产开发企业的每个房地产开发项目所完成的房地产开发投资,进行全数统计调查。

(二) 房地产开发投资的历史变化

我国房地产开发投资的建立和发展与住房制度改革及其不断深化密切相关。

1980年以前,我国城镇居民住房由国家建造、分配和管理,形成了住房"统一管理,统一分配,以租养房"的公有住房实物分配制度。1980年4月,邓小平就住房问题发表重要讲话,同年6月,中共中央、国务院正式允许实行住房商品化政策,揭开了中国城镇住房制度改革的序幕。1980年1月8日,深圳成立深圳特区房地产公司,被认为是中华人民共和国首家带有商品房开发性质的企业,与港商按照"补偿贸易"原则(深圳出土地,港商出钱合作建房,利润双方分成)合作建设中国内地第一个商品房小区"东湖丽苑"。但由于当时土地交易方式未明确,东湖丽苑还不是完全意义上的商品房小区。1988年1月,第一次全国住房制度改革工作会议在北京召开,宣布从当年开始,住房制度改革正式列入中央和地方的改革计划,在全国分期分批展开。改革办法是实现住房商品化,基本构思是提高房租和增加工资,鼓励职工买房。正是在这一年,中华人民共和国第一个土地以拍卖方式获得、房屋以按揭贷款形式销售的、完全意义上的商品房小区"东晓花园"在深圳竣工。从此房地产开发企业生根开花,茁壮成长。从1986年到1998年,我国的房地产开发企业由1991家发展到24 378家。[①] 1998年,国务院《关于进一步深化城镇住房制度改革加快住房建设的通

---

① 中华人民共和国国家统计局:《房地产开发统计年报》。

知》明确指出,从1998年下半年开始,停止住房实物分配,逐步实行住房分配货币化和住房供应体系商品化,标志着我国住房供应和分配机制发生了根本变化,住房制度改革全面展开。

伴随着住房制度的改革和发展,我国房地产开发投资活动从无到有、由小到大,蓬勃发展起来。为及时进行统计监测,1986年国家统计局、原国家计委、原建设部联合发文,要求把商品住宅统计扩大为商品房统计,原建设部正式建立了商品房建设统计制度,房地产开发统计的雏形基本形成。政府综合统计部门的房地产开发统计正式建立于1990年,与基本建设、更新改造等并列于固定资产投资统计制度中。2005年,房地产开发统计制度从固定资产投资统计制度中单列出来,成为国家统计调查制度中独立的一套统计制度。

因此,我国最早的房地产开发投资数据产生于1986年,仅101亿元,经过近30年的发展,2013年房地产开发投资已达86 013亿元①,是1986年的852倍,年均增长28.4%。

房地产开发投资发展的特点以2000年为界,可以分为两个阶段。2000年以前,房地产开发投资高速发展,但很不平稳,增速大起大落。1987—1999年,年均增长33%,其中,1992年增长117.5%,1993年增速又进一步攀升至165%,达到历史最高点。同时,这一时期也有历史最低值——1990年的-7.1%,以及另一个下降年份——1997年的-1.2%。2000年以后,房地产开发投资增长比较平稳,2000—2013年,年均增长24.3%,其中增速最高的2010年与最低的2009年增速差为17.1个百分点,绝大多数年份增长速度为20%—30%(见图1)。

住房制度改革推动了房地产开发投资的持续发展,大量满足不同需求的商品房不断推向市场,极大地缓解了中华人民共和国成立以来直至20世纪90年代城镇居民住房的严重短缺状况,城镇居民人均住房建筑面积由1978年的6.7平方米增加至2012年的人均32.9平方米②,居民住房水平有了明显提高,住房条件得到根本性改变,房地产开发投资为改善民生做出了重要贡献。

---

① 《中国统计年鉴2014》,第279页。
② 由于统计口径调整,2013年开始不再计算城镇和农村的人均住房面积。本文第四部分"房地产消费对国民经济增长的贡献"相关数据也截止到2012年。

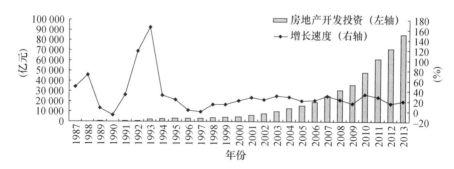

图 1　1987—2013 年房地产开发投资和增长速度

资料来源:房地产开发投资数据取自《中国统计年鉴 2014》,第 279 页。除特别说明外,本文数据均取自该年鉴。

(三) 房地产开发投资对全社会固定资产投资增长的贡献

全社会固定资产投资是以货币形式表现的、一定时期内全社会建造和购置的固定资产的工作量以及与此有关的费用总称。[①]全社会固定资产投资包括 500 万元及以上建设项目投资[②]、房地产开发投资和农村住户固定资产投资三部分,房地产开发投资是全社会固定资产投资的重要组成部分。

从房地产开发投资占全社会固定资产投资的比重看,1986—1995 年呈现明显的上升态势,由 1986 年的 3.2% 提高至 1995 年的 15.7%,年平均比重为 8.5%;1996—2000 年的五年是调整期,比重先降后升,达 12%—15%,年平均比重为 13.7%;2001—2013 年基本呈稳定状态,比重从 2001 年的 17.0% 上升到 2013 年的 19.2%,这一阶段的年平均比重进一步上升,为 18.3%,仅低于制造业投资比重,是全社会固定资产投资的第二大重点领域(见图 2)。

从房地产开发投资增长对全社会固定资产投资增长的贡献率来看,1987—1998 年波动剧烈,平均为 7.7%,1989 年、1990 年和 1997 年三个年份的贡献率为负值,而 1993 年则达到 24.2%;1999—2004 年贡献率保持在高位,平均为 26.2%,除 2003 年外,其他各年均超过 20%,1999 年为 33.8%,是历史最高点;2005—2013 年贡献率相对稳定,平均为 17.8%,其中 2009 年受国际金融危机

---

① 国家统计局:《国家统计调查制度(2013)》(下),国家统计局,2013 年,第 1 209 页。
② 随着我国经济的快速发展,建设项目个数不断增多。1983 年,建设项目投资统计起点由计划总投资 2 万元提高到 5 万元;1997 年由 5 万元提高到 50 万元;2011 年由 50 万元提高到 500 万元。

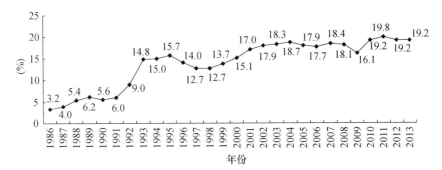

图 2　1986—2013 年房地产开发投资占全社会固定资产投资的比重

资料来源：全社会固定资产投资、房地产开发投资数据取自《中国统计年鉴 2014》，第 279 页。

影响仅为 9.7%。1987—2013 年房地产开发投资增长对全社会固定资产投资增长的贡献率平均为 15.1%（见表 1）。

表 1　房地产开发投资对全社会固定资产投资增长的贡献

年份	房地产开发投资（亿元）	占全社会固定资产投资的比重（%）	对全社会固定资产投资增长的贡献率（%）
1987	149.88	4.0	7.3
1988	257.23	5.4	11.2
1989	272.65	6.2	−4.5
1990	253.25	5.6	−18.2
1991	336.16	6.0	7.7
1992	731.20	9.0	15.9
1993	1 937.51	14.8	24.2
1994	2 554.08	15.0	15.5
1995	3 149.02	15.7	20.0
1996	3 216.40	14.0	2.3
1997	3 178.37	12.7	−1.9
1998	3 614.23	12.7	12.6
1999	4 103.20	13.7	33.8
2000	4 984.05	15.1	28.8

(续表)

年份	房地产开发投资（亿元）	占全社会固定资产投资的比重（%）	对全社会固定资产投资增长的贡献率（%）
2001	6 344.11	17.0	31.7
2002	7 790.92	17.9	23.0
2003	10 153.80	18.3	19.6
2004	13 158.25	18.7	20.1
2005	15 909.25	17.9	15.0
2006	19 422.92	17.7	16.6
2007	25 288.84	18.4	21.5
2008	31 203.19	18.1	16.7
2009	36 241.81	16.1	9.7
2010	48 259.40	19.2	22.5
2011	61 796.89	19.8	22.6
2012	71 803.79	19.2	15.8
2013	86 013.38	19.2	19.6

注：房地产开发投资对全社会固定资产投资增长的贡献率＝(当年房地产开发投资－上年房地产开发投资)/(当年全社会固定资产投资－上年全社会固定资产投资)×100%。

资料来源：房地产开发投资数据取自《中国统计年鉴2014》，第279页。

（四）房地产开发投资对国民经济增长的贡献

房地产开发投资对国民经济增长的贡献，是通过支出法GDP中的固定资本形成总额对GDP增长的贡献间接推算出来的。

固定资本形成总额是常住单位在一定时期内获得的固定资产减去处置的固定资产的价值总额。固定资产是通过生产活动生产出来的资产，不包括土地等自然资产。固定资本形成总额包括有形固定资本形成总额和无形固定资本形成总额。有形固定资本形成总额指一定时期内完成的建筑工程、安装工程和设备工器具购置减处置价值，以及土地改良，新增役、种、奶、毛、娱乐用牲畜和新增经济林木价值；无形固定资本形成总额包括矿藏勘探和计算机软件等获得减去处置。①

全社会固定资产投资是固定资本形成总额核算的基础资料。以全社会固定资产投资为基础核算固定资本形成总额,主要扣除不形成固定资本的土地等费用,加上未包括在全社会固定资产投资中而需要计算在固定资本形成总额中的项目,再经过必要的数据调整,最终形成固定资本形成总额。②

作为全社会固定资产投资的组成部分,房地产开发投资也是固定资本形成总额核算的重要基础资料。但在口径范围上两者主要存在两大区别。一是房地产开发投资包括土地和旧建筑物的购置费,而固定资本形成总额不包括这部分费用;二是房地产开发投资不包括商品房销售增值,即商品房销售价值与商品房投资成本之间的差额,而固定资本形成总额包括这部分价值。

对现有统计资料的分析发现,可以利用"固定资本形成总额占支出法 GDP 的比重"和扣除土地购置费之后的房地产开发投资占扣除土地购置费之后的全社会固定资产投资的比重,推算出房地产开发投资形成的固定资本形成总额占支出法 GDP 的比重;利用"固定资本形成总额对 GDP 增长的贡献率",以及扣除土地购置费之后的房地产开发投资占扣除土地购置费之后的全社会固定资产投资的比重,推算出房地产开发投资对 GDP 增长的贡献率。

为什么要利用扣除土地购置费之后的房地产开发投资占扣除土地购置费之后的全社会固定资产投资的比重,而不是直接利用房地产开发投资占全社会固定资产投资的比重进行推算呢?那是因为土地购置费占房地产开发投资的比重远大于土地购置费占全社会固定资产投资的比重,而土地购置费是不能计入固定资本形成总额的,不剔除土地购置费的比重,就会明显高估房地产开发投资形成的固定资本形成总额占支出法 GDP 的比重,从而高估或低估房地产开发投资对 GDP 增长的贡献率。

推算结果显示,2004 年以来,房地产开发投资形成的固定资本形成总额占 GDP 的比重呈上升的态势。2009 年及以前为 6% 左右,2009 年以后均达到或超过 7.5%,2013 年达 8%。2004—2013 年,房地产开发投资形成的固定资本形成总额占 GDP 的平均比重为 6.8%(见表 2)。

---

① 国家统计局:《国家统计调查制度(2013)》(上),国家统计局,2013 年,第 306 页。
② 参见许宪春:《准确理解中国的收入、消费和投资》,《中国社会科学》,2013 年第 2 期。

表 2　房地产开发投资形成的固定资本形成总额占支出法 GDP 的比重

年份	房地产开发投资占全社会固定资产投资的比重（％，扣除土地购置费）	固定资本形成总额占支出法GDP的比重（％）	房地产开发投资形成的固定资本形成总额占支出法GDP的比重（％）
2004	15.9	40.5	6.4
2005	15.5	39.6	6.1
2006	15.0	39.5	5.9
2007	15.8	39.0	6.2
2008	15.4	40.5	6.2
2009	14.2	44.9	6.4
2010	16.4	45.6	7.5
2011	17.4	45.6	7.9
2012	17.1	45.7	7.8
2013	17.3	45.9	8.0

注：1. 房地产开发投资占全社会固定资产投资的比重（扣除土地购置费）＝（房地产开发投资－房地产开发投资中的土地购置费）/（全社会固定资产投资－全社会固定资产投资中的土地购置费）×100％。

2. 房地产开发投资形成的固定资本形成总额占支出法 GDP 的比重＝房地产开发投资占全社会固定资产投资的比重（扣除土地购置费）×固定资本形成总额占支出法 GDP 的比重。

资料来源：全社会固定资产投资、房地产开发投资数据取自《中国统计年鉴 2014》，第 279 页；土地购置费数据取自国家统计局国家统计数据库；支出法 GDP、固定资本形成总额数据取自《中国统计年鉴 2014》，第 69 页。

从房地产开发投资对 GDP 增长的贡献率来看，2004 年以来均在 5.8％ 以上，年度间有所波动：2005—2008 年低于 6.5％；2009 年最高，为 13.3％；2012 年和 2013 年持续提高，2013 年达到 9.3％。2004—2013 年，房地产开发投资对 GDP 增长的年平均贡献率为 7.8％（见表 3）。

表 3　房地产开发投资对 GDP 增长的贡献

年份	房地产开发投资占全社会固定资产投资的比重（％，扣除土地购置费）	固定资本形成总额对支出法GDP增长的贡献率（％）	房地产开发投资对支出法GDP增长的贡献率（％）
2004	15.9	45.8	7.3
2005	15.5	41.5	6.4

(续表)

年份	房地产开发投资占全社会固定资产投资的比重（%,扣除土地购置费）	固定资本形成总额对支出法GDP增长的贡献率（%）	房地产开发投资对支出法GDP增长的贡献率（%）
2006	15.0	39.1	5.9
2007	15.8	37.1	5.9
2008	15.4	38.0	5.8
2009	14.2	93.7	13.3
2010	16.4	48.3	7.9
2011	17.4	42.9	7.5
2012	17.1	51.4	8.8
2013	17.3	53.4	9.3

注：房地产开发投资形成的固定资本形成总额对支出法GDP增长的贡献率＝房地产开发投资占全社会固定资产投资的比重（扣除土地购置费）×固定资本形成总额对支出法GDP增长的贡献率。

资料来源：作者根据前文相关数据计算所得。

三、房地产生产对国民经济增长的贡献

按照本文的定义，房地产生产活动包括房地产业本身的生产活动和房地产相关行业的生产活动。以下就从这两个方面分析房地产生产活动对国民经济增长的贡献。

（一）房地产业对国民经济增长的贡献

1. 房地产业的范围

根据2011年版的《国民经济行业分类》[①]，房地产业包括房地产开发经营、物业管理、房地产中介服务、自有房地产经营活动和其他房地产业五个中类行业，属于第三产业。房地产开发经营是指房地产开发企业进行的房屋、基础设施建设等开发，以及转让房地产开发项目或者销售、出租房屋等活动；物业管理

---

① 由中华人民共和国国家质量监督检验检疫总局、中国国家标准化管理委员会于2011年4月29日发布，2011年11月1日实施，中国标准出版社出版。

是指物业服务企业对房屋及配套的设备设施和相关场地进行维修、养护、管理，维护环境卫生和相关秩序的活动；房地产中介服务是指房地产咨询、房地产价格评估、房地产经纪等活动；自有房地产经营活动是指除房地产开发商、房地产中介、物业公司以外的单位和居民住户，对自有房地产的买卖和以营利为目的的租赁活动，以及房地产管理部门和企事业、机关提供的非营利租赁服务，还包括居民居住自有住房所形成的住房服务。

2. 房地产业增加值的计算

房地产业增加值是GDP生产额的重要组成部分，衡量的是全社会住房（包括出租和自住）提供的住房服务，以及房地产开发经营企业、物业管理和房地产中介公司等在建房和房屋使用及交易环节提供的商业性服务活动所创造的增加价值。在房地产业增加值计算中，要对居民自有住房服务总产出和增加值进行虚拟计算，理由是居民自有住房与租赁住房的比率，在不同国家之间、同一国家不同时期之间是不同的，不对居民自有住房服务总产出和增加值进行虚拟计算，住房服务的生产和消费的国际比较和历史比较就会失去意义。[①] 在具体计算房地产业增加值时采用收入法，房地产开发经营、物业管理、房地产中介服务和其他房地产业增加值的核算，由企业的劳动者报酬、生产税净额、固定资产折旧和营业盈余四项相加计算得出。居民自有住房服务总产出按成本价格计算，包括维护修理费、物业管理费和固定资产折旧，增加值中的劳动者报酬、生产税净额和营业盈余三项均为零，仅包括固定资产折旧一项，为居民自有住房的虚拟折旧。计算公式为：虚拟折旧＝居民自有住房价值×折旧率，其中，居民自有住房价值按住房造价计算，城镇居民自有住房的折旧率为2%，农村居民自有住房的折旧率为3%。[②]

3. 房地产业增加值占GDP的份额不断上升

改革开放以来，特别是住房制度改革以来，随着房地产市场的不断发展，房地产业增加值迅速增加。1978—2013年，房地产业增加值由80亿元增长到33 295亿元，按可比价格计算，增长了39.6倍，年均增长11.2%，比同期GDP

---

① 关于居民自有住房服务价值虚拟计算的详细阐述，参见许宪春：《中国当前重点统计领域的改革》，《经济研究》，2013年第10期。

② 参见国家统计局国民经济核算司：《中国非经济普查年度国内生产总值核算方法》，中国统计出版社，2008年，第64—70页。

年均增长率高1.4个百分点。随着房地产业增加值总量的不断扩大,其占GDP的比重呈明显的上升趋势,由1978年的2.2%上升到2013年的5.9%(见图3)。

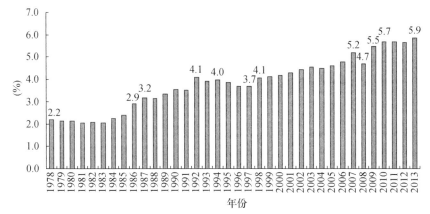

图3　房地产业增加值占GDP的比重

注:按当年价格计算。
资料来源:《中国统计年鉴2014》,第50、55页。

房地产业增加值占GDP比重的提高步伐与住房市场化进程相吻合,可分为三个阶段:1978—1986年,是住房生产和分配的计划经济时期,房地产业增加值的比重在3%以下,除1986年为2.9%以外,其他年份均未超过2.4%;1987—1997年,是住房市场化的探索期,房地产业增加值的比重为3%—4.1%;1998年以后,是住房市场化不断发展的时期,房地产业增加值的比重由1998年的4.1%逐步提高到2007年的5.2%;受国际金融危机的影响,2008年下降到4.7%;2009年以后,房地产业增加值的比重均保持在5.5%以上,2013年为5.9%。可见,房地产业增加值占GDP的份额不断上升。

房地产业增加值占第三产业增加值的比重呈波动上升态势,由1978年的9.2%上升到2013年的12.7%(见图4)。

4. 房地产业对经济增长的贡献率呈上升趋势

利用GDP的不变价数据,可以计算扣除价格因素之后房地产业增加值对经济增长的贡献率。计算公式为:房地产业增加值对经济增长的贡献率=Δ房地产业不变价增加值/Δ不变价GDP×100%。计算结果显示,1979—1988年的年贡献率平均为1.7%;1989—2000年为2.4%;2001—2013年为4.3%,其

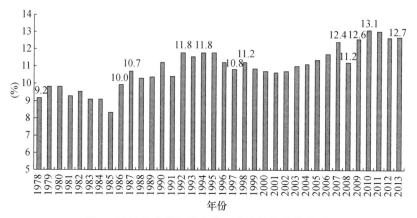

图 4 房地产业增加值占第三产业增加值的比重

注：按当年价格计算。
资料来源：《中国统计年鉴 2014》，第 55 页。

中最高的 2007 年达到 8.1%（见图 5）。可见，房地产业增加值对经济增长的贡献率呈上升趋势，房地产业成为推动经济增长的重要因素。

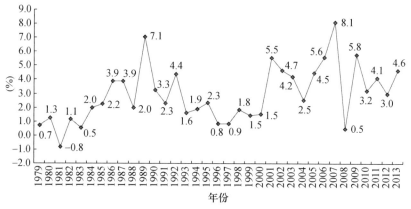

图 5 房地产业对经济增长的贡献率

注：房地产业对经济增长的贡献率按不变价格计算。
资料来源：《中国统计年鉴 2014》，第 52、57 页。

（二）房地产相关行业对国民经济增长的贡献

房地产具有产业链条长、关联行业多的特点，与房地产密切相关行业的生产活动是房地产经济活动的延伸。房地产开发一方面与建筑业生产活动密不可分,另一方面直接消耗大量建筑材料,带动了水泥、钢铁、玻璃、五金、冶金、陶瓷、化工等多个制造行业的发展。住房销售后,与住房有关的消费活动促进了家电、家具、家纺等制造行业的生产。房地产的开发和销售,都会相应地对物流、金融等第三产业具有很强的拉动效应。

投入产出表是研究国民经济不同行业之间相互联系和相互影响的有力工具。根据国民经济核算制度,我国每五年通过投入产出调查,编制基准投入产出表,当中年份在基准表的基础上编制延长表。目前我国最新的基准表是2007年投入产出表,最新的延长表是2010年投入产出表。利用投入产出基础模型和2010年41个部门投入产出延长表,可以构建以下投入产出开放模型:

$$\Delta X = [I-(I-\hat{M})A]^{-1}(I-\hat{M})\Delta F$$

其中,ΔX 为各部门总产出变化的列向量,ΔF 为国内最终使用变化的列向量,$\hat{M}$ 为各部门进口额占国内需求的比例系数向量$(m_1,\cdots,m_n)$对角化形成的矩阵,A 为直接消耗系数矩阵。

各部门总产出变化的列向量(ΔX)乘以各部门的增加值率,就可计算出对增加值的直接影响。

2013年,房地产开发投资86 013亿元,其中,建筑安装工程投资63 919亿元,设备工器具购置1 250亿元,其他费用20 844亿元。[①] 建筑安装工程投资、设备工器具购置大部分形成固定资本,其他费用主要包括土地购置费、旧建筑物购置费,不直接形成固定资本,予以扣除。根据上述模型,分析计算房地产开发投资对各行业的拉动作用,得出以下结果。2013年,房地产开发投资拉动GDP为53 848亿元,占GDP的比重为9.4%,其中第一、二、三产业增加值分别为1 651亿元、39 418亿元和12 779亿元,占比分别为2.9%、15.8%和4.9%,拉动进口11 320亿元(假设2013年各部门技术和价格结构与2010年相比变化不大,下同)。其中,房地产开发投资对建筑业增加值的拉动作用最大,达16 808亿元,占建筑业增加值的比重为43.1%;对水泥、玻璃、钢铁、化工、五金、家电、家居用品、家具等工业增加值拉动作用明显,拉动全部工业增加值达22 611亿元,占工业增加值的比重为10.7%;对交通运输、批发零售、金融等第三产业部门也有较强的拉动作用,拉动金融业增加值2 281亿元,占金融业增加

---

① 《中国统计年鉴2014》,第472页。

值的 6.8%。

用同样的方法测算,2012 年房地产开发投资拉动相关行业的增加值合计 43 839 亿元,据此推算 2013 年房地产相关行业对 GDP 增长的贡献率为 24.8%。

将房地产业自身的增加值与房地产开发投资拉动的相关行业增加值相加,可以看出房地产生产活动对国民经济增长的重要作用。2013 年,房地产业增加值为 33 295 亿元,房地产开发投资拉动的相关行业增加值合计 53 848 亿元(见表 4),两者总计为 87 143 亿元,占全部 GDP 的 15.3%;房地产业对 GDP 增长的贡献率为 4.6%,房地产相关行业对 GDP 增长的贡献率为 24.8%,两者合计为 29.4%。

表 4　房地产开发投资拉动国民经济主要行业增加值情况　　（单位:亿元）

行业	增加值	
	2012 年	2013 年
合计	43 839	53 848
第一产业	1 344	1 651
第二产业	32 091	39 418
其中:建筑业	13 683	16 808
非金属矿物制品业	3 382	4 155
金属冶炼及压延加工业	2 516	3 090
煤炭开采和洗选业	1 634	2 007
电力、热力的生产和供应业	1 478	1 816
化学工业	1 450	1 781
通用、专用设备制造业	1 176	1 444
石油和天然气开采业	1 025	1 259
石油加工、炼焦及核燃料加工业	919	1 129
金属制品业	668	820
金属矿采选业	652	801
非金属矿及其他矿采选业	553	679
电气机械及器材制造业	536	659

(续表)

行业	增加值	
	2012年	2013年
第三产业	**10 404**	**12 779**
其中:交通运输及仓储业	3 220	3 956
批发和零售业	2 164	2 659
金融业	1 857	2 281
信息传输、计算机服务和软件业	682	837
综合技术服务业	562	690
住宿和餐饮业	548	673

资料来源:房地产开发投资数据取自《中国统计年鉴2014》,第279页;投入产出结构数据取自国家统计局国家统计数据库。

四、房地产消费对国民经济增长的贡献

前面已经指出,房地产消费活动指居民生活用房以及与之相关的服务消费活动。房地产消费是居民消费的重要组成部分。

(一) 居民住房条件

改革开放以来,特别是随着住房制度的改革和发展,我国住房建设力度不断加大,城乡新建住房面积不断增加,人均面积大幅提高,居民住房条件获得极大的改善。

1. 城镇情况

1978年,城镇新建住房仅3 800万平方米,1986—1992年,城镇新建住房面积年均在2.4亿平方米以内,其中1990年较少,仅1.73亿平方米;1993—1998年,城镇新建住房面积由3.08亿平方米提高到4.76亿平方米;1999—2004年,城镇新建住房面积年均在5.5亿平方米上下;2005年开始迅速上了多个台阶,由6.61亿平方米提高到2013年的12.12亿平方米。2002—2012年,城镇新建住房共81亿平方米,城镇居民人均住房建筑面积由24.5平方米提高到32.9平方米(见图6)。

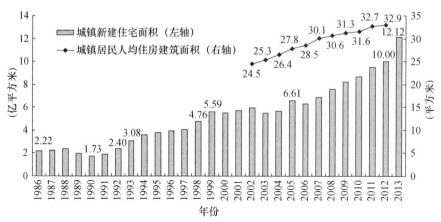

图 6　城镇新建住房面积和居民人均住房建筑面积

资料来源:《中国统计年鉴 2014》,第 169 页。

2. 农村情况

1978 年,农村新建住房面积为 1 亿平方米,1980 年迅速达到 5 亿平方米。1985—2008 年,农村年均新建住房面积 7.5 亿平方米。2009 年,农村新建住房面积突破 10 亿平方米,至 2013 年,农村每年新建住房面积均在 10 亿平方米左右。随着新建住房投入使用,农村居民人均住房面积持续增加,从 1978 年的 8.1 平方米逐步增加到 2012 年的 37.1 平方米(见图 7)。①

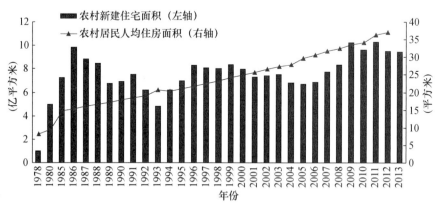

图 7　农村新建住房面积和居民人均住房面积

资料来源:《中国统计年鉴 2014》,第 169 页。

---

① 农村居民人均住房面积的增加也与我国城镇化的不断推进有关。一方面,城镇化使农村居民人数减少;另一方面,城镇化的进程与地区经济发展水平相关,相对于尚未城镇化的地区,较早城镇化的地区土地资源紧张,其人均居住面积往往小些。

（二）房地产消费占支出法 GDP 的比重

居民消费支出包括食品、衣着、居住、家庭设备用品及服务、医疗保健、交通和通信、文教娱乐用品及服务、金融中介服务、保险服务和其他十类支出。其中，居住类支出包括房租、住房维修管理费、水电煤气费用和自有住房虚拟支出，构成房地产消费。①

计算结果显示，2008—2011 年②，房地产消费占居民消费支出、最终消费支出和支出法 GDP 的比重保持基本稳定，其中，占居民消费支出的比重保持在 17% 左右；占最终消费支出的比重保持在 12% 左右；占支出法 GDP 的比重保持在 6% 左右（见表 5）。

表 5　2008—2011 年房地产消费情况

	2008 年	2009 年	2010 年	2011 年
支出法 GDP（亿元）	315 975	348 775	402 816	472 619
最终消费支出（亿元）	153 422	169 275	194 115	232 112
居民消费支出（亿元）	111 670	123 585	140 759	164 945
农村居民（亿元）	27 677	29 005	31 975	37 395
其中：居住类（亿元）	5 006	4 851	5 042	5 792
城镇居民（亿元）	83 993	94 579	108 784	127 551
其中：居住类（亿元）	14 187	15 889	19 168	21 596
房地产消费（亿元）	19 193	20 740	24 210	27 389
房地产消费占居民消费支出比重（%）	17.2	16.8	17.2	16.6
房地产消费占最终消费支出比重（%）	12.5	12.3	12.5	11.8
房地产消费占支出法 GDP 比重（%）	6.1	5.9	6.0	5.8

资料来源：居民消费支出数据取自《中国统计年鉴 2012》，第 63 页。

2009—2011 年，房地产消费对 GDP 增长的贡献率分别为 4.1%、2.6% 和 2.8%，贡献率保持相对稳定（见图 8）。

---

① 居民消费中的家庭设备用品及服务类包括与家庭相关的设备用品购置和服务等支出，也与房地产消费有关，本文计算房地产消费支出时未包括这部分支出。

② 由于数据来源和核算方法的变化，居民消费支出数据截止到 2011 年。

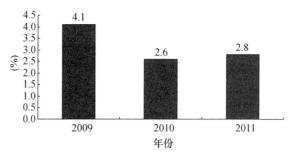

图 8　房地产消费对 GDP 增长的贡献率

资料来源:作者根据前文相关数据计算所得。

前文已推算,2011 年房地产开发投资形成的固定资本形成总额占支出法 GDP 的 7.9%,为 37 469 亿元,房地产消费 27 389 亿元,两者合计 64 858 亿元,占支出法 GDP 的 13.7%,对 GDP 增长的贡献率为 10.3%。

五、余　　论

改革开放以来,我国从计划经济体制逐步转变为市场经济体制,随着社会主义市场经济的不断发展,房地产经济在整个国民经济增长中的作用日益重要。

根据本文前面的分析可知,从房地产生产活动来看,房地产业和房地产相关行业增加值占 GDP 的比重稳步提高,贡献率不断上升。2013 年,房地产生产活动创造的增加值为 87 143 亿元,占 GDP 的比重为 15.3%,对 GDP 增长的贡献率为 29.4%。

2004—2013 年,作为固定资产投资重要组成部分的房地产开发投资形成的固定资本形成总额,占 GDP 的比重和对 GDP 增长的贡献率均呈上升的态势;2009—2011 年,作为居民消费支出重要组成部分的房地产消费占 GDP 的比重和对 GDP 增长的贡献率保持基本或相对稳定。2011 年,房地产开发投资形成的固定资本形成总额和房地产消费合计 64 858 亿元,占支出法 GDP 的比重为 13.7%,对 GDP 增长的贡献率为 10.3%。居民消费支出中的家庭设备用品及服务支出中的一部分,也是由于房地产开发投资导致的消费活动,考虑到这一因素,房地产投资和消费占支出法 GDP 的比重和对 GDP 增长的贡献率还会高些。

可见,无论是从房地产生产活动,还是从房地产使用活动看,房地产经济对整个国民经济增长的贡献都十分明显。

房地产经济既可以在生产、投资和消费领域对国民经济增长做出重要的贡献,也可以在这些领域对国民经济增长产生向下拉动作用。

以 2014 年为例。从年初开始,商品房销售面积和销售金额持续下降,首先影响了房地产开发投资增长。1—11 月份,房地产开发投资同比增长 11.9%,比 1—2 月份回落 7.4 个百分点,比 2013 年同期回落 7.6 个百分点,从而影响到固定资产投资增速的回落。1—11 月份,固定资产投资同比增长 15.8%,比 1—2 月份回落 2.1 个百分点,比 2013 年同期回落 4.1 个百分点,其中部分就是由于房地产开发投资增速回落引起的。

房地产开发投资增速的回落直接影响到钢材、水泥、平板玻璃等建筑材料的生产。2014 年 1—11 月份,钢材产量同比增长 4.5%,比 2013 年同期回落 7 个百分点;水泥产量增长 1.9%,比 2013 年同期回落 7.3 个百分点;平板玻璃产量增长 2.4%,比 2013 年同期回落 9.2 个百分点。这些产品增速的回落部分是由于房地产开发投资增速回落引发的,它们直接影响到工业增加值增速的回落。

商品房销售市场的回落,也影响到相关消费类产品生产和销售增速的回落,进而影响到居民消费增速的回落。2014 年 1—11 月份,家用洗衣机产量同比下降 4.5%,2013 年同期增长 8.5%;家用电冰箱产量同比零增长,2013 年同期增长 11.3%。2014 年 1—11 月份,限额以上批发零售业家电类、家具类商品零售额分别增长 8.7% 和 14.0%,增速分别比 2013 年同期回落 6.2 和 7.1 个百分点。这些消费类产品生产和销售增速的回落,部分是由于商品房销售市场回落引发的,它们直接影响到居民消费增速的回落。

商品房销售市场的回落也影响到房地产业增加值增速的回落。2013 年一季度,房地产业增加值增长 7.8%,2014 年前三季度回落到 2.3%,对整个国民经济增速起到向下拉动的作用(见图 9)。

在经济发展过程中,如果过分倚重房地产,会出现房地产市场过热、房价上涨过快、房地产泡沫、房地产信贷风险等诸多问题,从而影响国民经济的持续稳定健康发展。20 世纪 90 年代,日本及我国的海南省都出现过房地产泡沫破裂

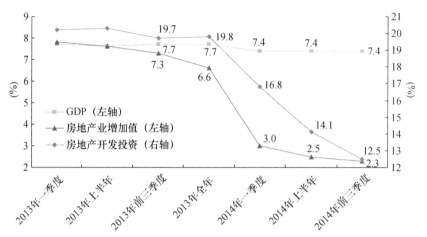

图9 2013年以来季度GDP、房地产业增加值和房地产开发投资增长速度
资料来源：国家统计局国家统计数据库。

引发的经济衰退,21世纪因美国次贷危机触发的全球金融与经济危机也是如此。房地产经济过热的危害主要体现在三个方面。

(1) 对实体经济的"抽血效应"。在市场经济条件下,资本具有天然的逐利性,房地产市场过热会吸引大量资本进入这一利润丰厚的行业,助推房地产价格的进一步上涨。1998—2013年,房地产开发企业到位资金中的国内贷款年均增长21.9%,占全部国内贷款的比重由21.4%提高到33.5%,上升了12.1个百分点。而同期制造业国内贷款年均增速为20.6%,比房地产开发低1.3个百分点;制造业国内贷款占全部国内贷款的比重由15.6%提高到21.9%,与房地产开发的差距由1998年的5.8个百分点扩大到11.6个百分点。制造业等实体经济"失血",会影响国民经济的健康发展。

(2) 对居民消费的"挤出效应"。房地产市场过热会造成房价过快上涨,使房价收入比超出正常区间。以北京市为例,2012年北京市房价收入比为11.8①,大大超出国际公认的3—6的合理区间。居民为购买住房透支自身的消费能力,从而会对居民消费产生明显的"挤出效应",对"转方式、调结构、惠民

---

① 房价收入比=每户住房总价/每户家庭年总收入。其中,每户住房总价=人均住房面积×每户家庭平均人口数×单位面积住宅平均销售价格,每户家庭年总收入=每户家庭平均人口数×年人均家庭总收入。数据取自北京市统计局、国家统计局北京调查总队编:《北京统计年鉴2013》(中国统计出版社,2013年)电子版。

生"的宏观调控目标产生不利影响。

（3）对金融和经济运行的"风险效应"。2013年，房地产开发企业开发贷款和个人按揭贷款占房地产开发项目到位资金的27.6％。人民银行的数据表明，2013年，房地产贷款（包括房地产开发贷款、购房贷款和证券化的房地产贷款）余额为14.61万亿元，占金融机构人民币各项贷款的比重为21.0％。近年来，让人谈"虎"色变的地方政府债务，其中的一部分就投向了房地产。房地产过快发展所带来的风险可能会影响中国金融业，以致给整个国民经济运行带来风险隐患。

因此，对房地产经济的消极作用要有清醒的认识，并认真加以防范，从而形成房地产经济与整个国民经济发展的良性互动。

可见，房地产经济对国民经济健康发展具有重要意义。房地产经济增长速度过低，将影响国民经济稳定增长，妨碍人民生活改善；房地产经济增长速度过高，又可能带来房价过快上涨，形成房地产泡沫，引发金融风险，破坏社会和谐稳定。因此，房地产经济应保持合理增长，从而有效推动国民经济保持健康稳定增长，以促进民生改善，避免生产、生活、金融、社会稳定等方面的矛盾和问题。

参 考 文 献

[1] 许宪春:《准确理解中国的收入、消费和投资》,《中国社会科学》,2013年第2期。

[2] 许宪春:《中国当前重点统计领域的改革》,《经济研究》,2013年第10期。

[3] 国家统计局:《中国统计年鉴2012、2014》,中国统计出版社,2012、2014年。

[4] 中华人民共和国国家质量监督检验检疫局、中国国家标准化管理委员会:《国民经济行业分类(2011)》,中国标准出版社,2011年。

[5] 国家统计局:《国家统计调查制度(2013)》,2013年。

[6] 国家统计局国民经济核算司:《中国非经济普查年度国内生产总值核算方法》,中国统计出版社,2008年。

[7] 国家统计局:国家统计数据库。

2. 汽车产业在经济发展、转型升级和实施制造强国战略中的重要作用

许宪春 江 源 陈颖婷[*]

【摘要】 中国汽车产业经历了六十多年的发展历程,目前,中国成为产销世界第一的汽车制造大国,但汽车产业大而不强的矛盾比较突出,自主品牌汽车的国际地位不足。从生产的角度来看,汽车产业对工业增加值的贡献总体上呈上升态势。投入产出分析显示,汽车产业对各部门的关联带动作用较强;从 2007 年到 2012 年,汽车消费、投资和出口三大需求对国民经济的总体贡献在增强。从汽车产业对国内产出的拉动占完全需要量的比例看,特别是从汽车产业对中高端原材料、高技术产业和装备制造业国内产出的拉动占完全需要量的比例看,汽车产业对国民经济的贡献还有很大的拓展空间。当前汽车产业新动能发展迅猛,自主品牌大有可为,汽车产业盈利水平突出、税收贡献面广、促进就业能力强,对经济提质增效做出了重要贡献。汽车产业与智能制造、高端装备制造和"互联网+"等的深度融合趋势凸显出自主开发创新和产业协同的重要性。从汽车产业的基础性关键技术创新扎实做起,联动全产业链的自主开发创新,将有效推进整体国民经济的升级发展以及制造强国战略的顺利实施。

汽车产业被称为"工业中的工业",因为它是衡量一个国家制造业水平的标

---

[*] 许宪春,清华大学经济管理学院教授;江源,国家统计局高级统计师;陈颖婷,国家统计局中级统计师。

志。国际上能够称得上"制造强国"的国家——美国、德国以及后来居上的日本、韩国,无一不在汽车产业上有着自己享誉全球的品牌和独特的比较优势,无一例外地都将汽车产业作为支柱产业,以顶层的国家战略引领汽车产业的长期发展。中国的汽车产业经历了六十多年的风雨历程,近些年来成为世界上产销第一大国,但是大而不强的矛盾仍然突出。关于汽车产业发展的研究,目前的文献大多从产业视角观察,就汽车产业本身提出政策建议,缺乏从整个国民经济的多维度视角对汽车产业的分析。从国民经济的多维度视角看,汽车产业关联程度高,在国民经济的生产、投资、消费、出口、税收等方面均有举足轻重的地位,因而对于 GDP 具有重要的支撑作用。特别是在中国经济转型升级过程中,汽车产业新动能的蓬勃兴起,汽车产业与智能制造和"互联网+"的深度融合,更加凸显出汽车产业在实施中国制造强国战略中的重要作用。加强顶层设计与产业协同、注重人才运用和资源整合,从汽车产业的自主开发创新联动全产业链的自主开发创新,是以汽车产业振兴推动中国制造强国战略的有效途径。

一、中国汽车产业的发展历程及其国际地位

(一) 中国汽车产业的发展历程

从 20 世纪 50 年代中国第一汽车制造厂在长春动工建设、第一个批量产品解放牌 CA10 型 4 吨载重卡车成功生产以来,中国的汽车产业已经历经了六十多年的风雨历程。汽车产量从 1955 年的 0.01 万辆,增长到 1965 年的 4.1 万辆、1975 年的 14.0 万辆、1985 年的 43.7 万辆、1995 年的 145.3 万辆;进入 21 世纪来,汽车产量迅速增长,2005 年达到 570.5 万辆,2009 年超越千万辆大关,2015 年更是达到了 2450.4 万辆(见图 1)。从汽车产业的发展历程来看,主要经历了以下几个发展时期。

改革开放以前,中国汽车产业在计划经济体制下发展,除了前期得到过苏联的一些技术援助外,东风牌 71 型轿车、红旗 CA72 高级轿车等产品均由国有企业自主研发。这一时期中国汽车工业的发展以卡车为主,轿车的技术基础相对薄弱,老厂援建或包建新厂成为技术转移和技术扩散的主要方式。地方汽车工业的发展往往是在开发出一个主导产品后,再围绕着整车厂发展起一批零部

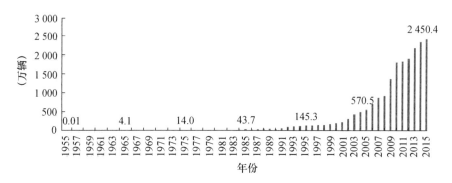

图 1　汽车历年产量

资料来源:《中国汽车工业年鉴 2003》,第 26 页表 4。

件生产企业。这一时期,一方面,汽车的生产以自主开发为主,形成了一些自主的整车产品、自主品牌和开发平台;另一方面,由于缺乏市场机制的激励以及汽车企业在行政区划上的分散性,缺乏大批量生产的动力,因此没有形成以流水线为特征的大批量生产方式。[①]

改革开放以后,中国市场对于轿车的需求量迅速增长,大批量生产能力的缺乏使得轿车进口量在 20 世纪 80 年代前半期以几何级数迅速增长,在 1984 年、1985 年甚至超过了国内轿车的产量。[②] 从 80 年代中期开始,中国汽车工业在轿车生产方面选择了以合资引进技术的道路,北京吉普、上海大众、广州标致等合资企业纷纷成立。一方面,由于合资企业的建立和大批量生产方式的运用,中国的汽车产量特别是轿车产量开始迅速增长;另一方面,中国企业的自主产品开发有所削弱,在轿车技术方面较为依赖外国的产品技术。

2002 年至 2003 年,受加入 WTO 后汽车及其零部件进口关税下调的影响,汽车产业的发展面对更加开放的市场环境,汽车市场逐渐由以载货汽车为主导转变为以轿车为主导。2002 年之前,载货汽车产量在全部汽车中的占比高于轿车;2002 年,载货汽车与轿车产量均为 109.2 万辆;2002 年之后,轿车产量和增速都明显超过了载货汽车,并拉动汽车产量快速增长。另外,轿车走入家庭

[①] 参见路风、封凯栋:《发展我国自主知识产权汽车工业的政策选择》,北京大学出版社,2005 年,第 7 页。

[②] 《中国汽车工业年鉴 2003》,第 26 页表 4。

的消费趋势,为汽车产业创造了广阔的市场需求。自此,中国的汽车产业也进入了快速发展期,汽车产量快速增长。2008年年底至2009年年初《汽车产业调整和振兴规划》出台之后,汽车购置税减免以及农民汽车换购补贴等措施有效刺激了居民对汽车的消费需求。中国的汽车产业迎来了高速增长的时期,年产量突破1000万辆,并从2009年起成为国际上汽车产销量最大的国家。

(二) 汽车自主品牌的发展历程

到目前为止,中国自主品牌汽车的发展历程大体上经历了三个阶段。第一个阶段,从20世纪90年代末到2003年,中国自主品牌汽车以经济型战略起步,凭借价格优势成功切入不受汽车合资巨头重视的低端市场,逐步积累相关技术。第二个阶段,2003年至2007年左右,随着中国居民汽车消费能力的提升和市场竞争的日趋激烈,对于汽车质量和品质的需求日渐凸显,因此自主品牌汽车企业普遍采取了质量提升策略,在技术初步积累的基础上,逐步改造升级生产工艺,加大研发投入,提升汽车质量。第三个阶段,从2007年左右开始,由于市场竞争的进一步加剧,用户的需求也变得越来越多样化,中国汽车自主品牌的发展也发生了分化,有的仍以模仿国际品牌为主,或走上了合资发展的道路;有的则走上了对外收购的道路,如吉利汽车抓住机会收购了沃尔沃等一系列国际知名汽车企业,为尽快缩短技术差距、提升产品品质提供了可能;有的加强自主研发,开始向外资输入产品,比如长安汽车向长安福特输入锐翔V3,向长安铃木输入新奔奔,向长安PSA输入逸动纯电动等。特别是运动型多功能乘用车(SUV)、新能源汽车成为新的消费热点以来,一些优秀的中国自主品牌致力于推动新车型的开发,取得明显成效,在乘用车市场的份额有所提升。

(三) 中国汽车产业在国际市场上的战略地位

从国际上看,中国的汽车产业进入21世纪以来发展迅速,已经连续7年成为世界上产销量第一的国家。2000年,全国汽车产量207万辆,居世界第7(排在西班牙和加拿大之后)。2002年,全国汽车产量325.1万辆,超过韩国,位居世界第4。2009年,中国跃居为产销世界第一的汽车制造大国,近年来始终保持领先地位(见图2)。

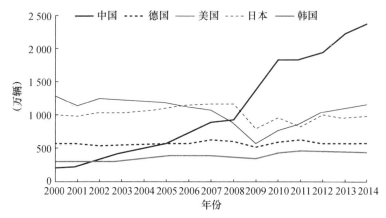

图 2　主要汽车制造国家年度汽车产量

然而,汽车产业大而不强的矛盾仍然比较突出,自主品牌汽车的国际地位仍然不足。2015 年 7 月公布的世界五百强企业名单中,中国汽车企业集团有 6 家上榜,上汽集团以 1 022.49 亿美元的营业收入位居第 60,一汽集团以 801.95 亿美元位居第 107,东风汽车以 789.79 亿美元位居第 109,北汽集团以 505.66 亿美元位居第 207,广汽集团以 332.37 亿美元位居第 362,吉利控股集团以 249.86 亿美元位居第 477。从规模排名看,中国的 6 家入围汽车企业绝大多数排名较上年有所上升,但仍然没有一家跻身前 50 强。相比较而言,德、美、日等汽车强国均拥有汽车公司入围前 50 强,德国的大众公司、戴姆勒股份公司位居第 8 和第 17;美国的通用汽车公司、福特汽车公司位居第 21 和第 27,日本的丰田汽车、本田汽车公司位居第 9 和第 44。并且,德国和日本汽车集团的利润水平远远超过了中国的汽车企业集团。从汽车品牌来看,入围 500 强的外国汽车企业都拥有自己的品牌,而国内入围的 6 家汽车企业,除了吉利控股自主品牌和外国品牌平分秋色之外,其他几家汽车企业绝大多数以合资企业生产的外国品牌产品为主,上汽集团 2014 年的汽车销量达到 500 多万辆,但是自主品牌仅不到 100 万辆。从出口比例来看,位居前列的外国汽车企业的产品绝大多数出口,而中国汽车企业的产品绝大多数内销。从品牌知名度来看,中国汽车企业也有一些差距(见表 1)。

表1 2015年世界五百强企业中汽车企业情况

汽车业排名	2015年总排名	2014年总排名	公司名称	营业收入（亿美元）	利润（亿美元）	国家
1	8	8	大众公司（VOLKSWAGEN）	2 685.67	145.72	德国
2	9	9	丰田汽车公司（TOYOTA MOTOR）	2 477.03	197.67	日本
3	17	20	戴姆勒股份公司（DAIMLER）	1 722.79	92.35	德国
4	19	24	EXOR集团（EXOR GROUP）	1 621.63	4.29	意大利
5	21	21	通用汽车公司（GENERAL MOTORS）	1 559.29	39.49	美国
6	27	26	福特汽车公司（FORD MOTOR）	1 440.77	31.87	美国
7	44	45	本田汽车（HONDA MOTOR）	1 212.22	46.33	日本
8	56	68	宝马集团（BMW Group）	1 066.54	76.91	德国
9	59	61	日产汽车（NISSAN MOTOR）	1 034.60	41.62	日本
10	60	85	上海汽车集团股份有限公司（SAIC MOTOR）	1 022.49	45.40	中国
11	99	100	现代汽车（HYUNDAI MOTOR）	847.72	69.78	韩国
12	107	111	中国第一汽车集团公司（CHINA FAW GROUP）	801.95	42.48	中国
13	109	113	东风汽车集团（DONGFENG MOTOR GROUP）	789.79	16.00	中国
14	128	119	标致（PEUGEOT）	711.11	−9.37	法国
15	191	190	雷诺（RENAULT）	544.61	25.07	法国
16	207	248	北京汽车集团（Beijing Automotive Group）	505.66	8.20	中国
17	242	246	起亚汽车（KIA MOTORS）	447.31	28.43	韩国
18	254	287	印度塔塔汽车公司（TATA MOTORS）	429.75	22.87	印度
19	268	258	沃尔沃集团（VOLVO）	412.30	3.06	瑞典
20	362	366	广州汽车工业集团（Guangzhou Automobile Industry Group）	332.37	2.84	中国
21	429	449	马自达汽车株式会社（MAZDA MOTOR）	275.94	14.44	日本
22	436	414	铃木汽车（SUZUKI MOTOR）	274.26	8.81	日本
23	452	494	富士重工（Fuji Heavy Industries）	261.75	23.82	日本
24	477	466	浙江吉利控股集团（ZHEJIANG GEELY HOLDING GROUP）	249.86	2.76	中国

资料来源：中国日报网。

国务院2015年部署加快推进实施的《中国制造2025》指出,建设制造强国,必须紧紧抓住当前难得的战略机遇,积极应对挑战,加强统筹规划,突出创新驱动,制定特殊政策,发挥制度优势,动员全社会力量奋力拼搏,更多依靠中国装备、依托中国品牌,实现中国制造向中国创造的转变、中国速度向中国质量的转变、中国产品向中国品牌的转变,完成中国制造由大变强的战略任务。从汽车产业发展的现状来看,进一步发展好中国自主品牌,实现由制造向创造、由大到强的转变仍然任重道远。

二、中国汽车产业的生产特征及其对于工业的贡献

汽车产业[①]作为中国工业的支柱产业,近年来产量迅速增长、比重不断上升,表现出越来越重要的地位和作用。通过对汽车产量和汽车产业增加值时间序列数据的观察,可以分析出中国汽车产业的生产特征、产量变化特点以及产业政策的作用。

(一) 汽车产业生产的短期波动及长期变化趋势

从2002年至2015年月度数据看,汽车产量具有比较明显的季节特征。图3显示了利用季节调整软件测算出的各月汽车产量的季节因子(包括季节因素和日历因素),曲折线代表2002年至2015年每年该月的季节因子,水平线代表各年该月季节因子的平均值,取值小于1代表该月是淡季,大于1代表该月是旺季。可以看出,3、4月份是汽车生产的传统旺季,7、8月份是传统淡季,而近年来,11、12月份以及某些年度的1月份成为汽车生产的旺季(图中11、12月份及1月份曲折线的最后几个值均大于1),这是由于订单生产越来越成为汽车生产的组织方式,在元旦和春节期间,人们往往有更旺盛的购车需求,相应的订单增加推动了年末的产量增长。

利用季节调整软件剔除汽车产量序列的季节性因素之后,可以看到汽车产量2002年至2015年之间的长期变化趋势。图4中浅色折线显示汽车月度产

---

① 本文中的汽车产业,除特别注明外,均指《国民经济行业分类》(GB/T 4754-2011)中的汽车制造业(即该分类标准中的第36大类行业)。

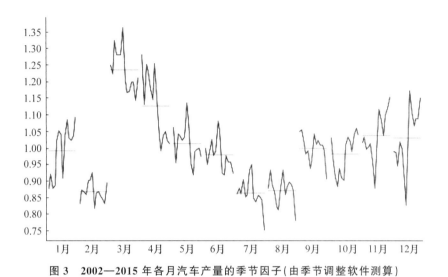

图3 2002—2015年各月汽车产量的季节因子(由季节调整软件测算)

量的原始数据序列,深色较为平坦的曲线显示剔除季节性因素之后汽车月度产量序列以及长期趋势。可以看出,剔除季节性因素之后,汽车的月度产量总体上呈直线上升趋势;2002年至2007年产量稳步上升;2008年国际金融危机爆发时出现了明显的产量波动甚至下行;2009年产量迅速拉升、增势迅猛,2010年保持了较快的增长;在2011年、2014年下半年至2015年三季度这两个时期,汽车产量出现了一些波动,增长趋势见缓;2015年四季度产量又出现了明显的上升。

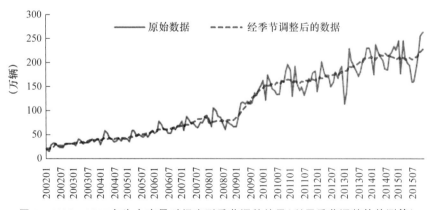

图4 2002—2015年汽车产量时间序列季节调整结果(利用季节调整软件测算)

利用季节调整之后的时间序列计算环比增速可以更加明显地看出汽车月度产量的变化趋势。如图5所示,经季节调整的汽车产量环比增速与总体工业生产增速同趋势变动,在工业生产增速较快的2005—2007年,汽车产量环比增速也较快,月环比平均值达到2.09%,2008年国际金融危机爆发时,总体工业生产增速明显回落,汽车产量环比增速也明显下滑,出现了连续数月的负增长。从环比增速中还能比较明显地看出汽车产业政策的作用,2008年年底至2009年年初涵盖汽车购置税减免以及农民汽车换购补贴等措施的《汽车产业调整和振兴规划》出台之后,汽车产量环比增速在2009年年初迅猛上升,在两年的优惠政策期过去之后,由于前期政策的消化和购买需求的提前,汽车产业环比增速在2011年、2012年有所放缓,随后又于2013年有所恢复;在2014年下半年至2015年前三季度汽车产量增速再度放缓的情况下,2015年10月1日起小排量汽车税收优惠及促进新能源汽车发展等政策的出台,使得汽车产量环比增速在2015年四季度明显回升。

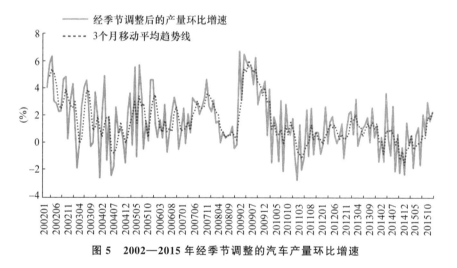

图5 2002—2015年经季节调整的汽车产量环比增速

(二) 汽车产业对工业生产增长的贡献

从生产的角度来看,汽车产业增加值占规模以上工业增加值的比重总体上呈上升态势(见表2),2004年至2009年在4.0%至4.9%之间,2010年达到5.5%,2015年达到6.2%。2006年以来,汽车产业增加值增速仅在国际金融危机爆发的 2008 年以及前期政策消化期的 2011 年、2012 年低于工业增速①,对工业增长的贡献分别为 3.7%、4.7% 和 4.4%,其他年份汽车产业增加值增速均明显高于规模以上工业增速,对于工业增长的贡献率也有所提升,2007 年为 5.6%,2009 年和 2010 年分别达到 7.5% 和 8.3%,2013 年为 8.0%,2014 年和 2015 年分别为 7.9% 和 6.5%。

表2 汽车产业增加值比重、增速及对规模以上工业增长的贡献 （单位:%）

年份	汽车产业增加值比重	汽车产业增加值增速	规模以上工业增加值增速	汽车产业对规模以上工业增长的贡献率
2004	4.9	14.4	16.7	4.7
2005	4.2	9.3	16.4	2.7
2006	4.1	25.1	16.6	5.9
2007	4.1	26.4	18.6	5.6
2008	4.0	10.9	12.9	3.7
2009	4.8	20.3	11.0	7.5
2010	5.5	24.8	15.7	8.3
2011	5.1	11.5	13.9	4.7
2012	5.2	8.4	10.0	4.4
2013	5.5	14.9	9.7	8.0
2014	5.8	11.8	8.3	7.9
2015	6.2	6.7	6.1	6.5

(三) 汽车产业的生产特征和走势分析

就现阶段中国汽车产业本身的生产特征而言,通过以上的分析可以得到如下结论:

一是汽车产业的生产与总体工业生产基本上同趋势变动。在工业生产增长较快的时期,汽车生产一般也增长较快;在工业生产增速发生明显下行(如国际金融危机爆发)的时期,汽车生产增速也相应下滑(见图6)。

---

① 规模以上增加值增长及汽车产业增加值增长为可比价格计算的实际增长率,因此对增加值增长的贡献率按可比价格计算,为可比价格的汽车增加值增量与可比价格的规模以上工业增加值增量的比值。统计范围为年主营业务收入2 000万元以上的规模以上工业。数据来源为国家统计局发布的规模以上工业月度数据。

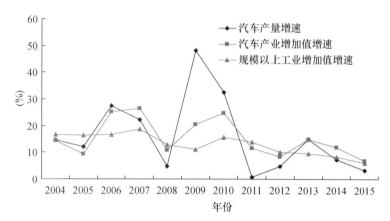

图 6 汽车产量增速、汽车产业增加值增速与规模以上工业增加值增速比较

二是时间序列数据显示,着力于拉动汽车消费需求的产业政策,在一定时期内可以较为显著地提高汽车生产量(2009年、2010年),显示出汽车消费价格弹性较大,但同时,由于汽车购买需求的提前预支,又会在政策退出后形成一个产量增长比较低迷的政策消化期(2011年、2012年)。

三是汽车产量与汽车产业增加值指标走势基本一致,但主要是受产品价值结构的影响,物量指标波动与价值量指标波动在幅度上有一定的差别。如2009年,汽车产量的增长速度明显快于汽车产业增加值的增长速度(见图6),一定程度上是因为对小排量汽车税收优惠使得这一部分产品单价较低、对增加值贡献也较低的汽车产品产量增长较快;而2014年和2015年,汽车产业增加值增长速度快于汽车产量增长速度,是因为运动型多用途乘用车(SUV)等高价值量的产品增长较快所致。

四是随着汽车保有量的逐渐增加,其同比增长速度自2011年起已经连续五年放缓(见图7),再加上资源、环境等因素的影响,势必也会造成汽车产量增长的空间受限。

上述分析表明,汽车产业未来的发展仅仅依靠汽车产量的增长是不够的,减税等着力于拉动需求的产业政策也只是在一定时期内发挥作用,汽车产业未来还是要向质量效益的提升、自主品牌的加强、关联产业的拓展等方面寻求更大的发展空间。

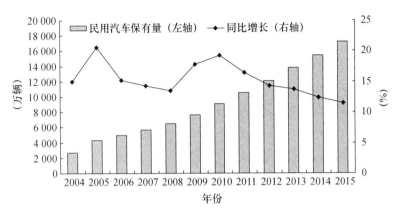

图 7　民用汽车保有量及其同比增长速度

资料来源:《2004—2015 年国民经济和社会发展统计公报》。

三、中国汽车产业对国民经济的贡献

汽车产业具有产业链长和关联度高的特点,因此对其他产业有着较强的联动作用,能够带动国民经济相关产业的发展进而带动整体经济的发展。投入产出表作为国民经济核算体系的重要组成部分,以矩阵形式描述国民经济各部门在一定时期生产活动的投入来源和产出使用去向,揭示国民经济各部门之间相互依存、相互制约的数量关系。根据投入产出表,可以量化分析汽车产业对各部门产出的拉动及对国民经济的贡献。

(一) 汽车产业的关联带动作用及其发展变化情况

1. 汽车产业中间投入及总产出位居各部门前列

根据 2012 年中国投入产出表:汽车产业[①](包含汽车整车、汽车零部件及配件两个行业)的中间投入为 40 153.8 亿元,在 138 个部门中位居第 3,仅次于房

---

① 根据《2012 年中国投入产出表》附录一《部门分类解释及代码》的注释(第 569 页),该投入产出表中汽车整车(范围包括汽车整车、改装汽车、低速载货汽车、电车以及汽车车身、挂车)、汽车零部件及配件这两个部门合并之后的汽车产业与《国民经济行业分类》(GB/T 4754-2011)中的汽车制造业(即该分类标准中的第 36 大类行业)是同一口径。

屋建筑(62 351.2亿元)、钢压延(42 502.2亿元)两大部门①;汽车产业增加值为9 713亿元,位居第13;汽车产业总产出为49 866.9亿元,位居第4,仅次于房屋建筑(85 127.3亿元)、批发和零售(72 155.3亿元)、钢压延(51 265.3亿元)三大部门。

从占比来看,2012年汽车产业中间投入占所有部门中间投入合计的比重为3.77%,较2007年上升了0.13个百分点;汽车产业增加值占所有部门增加值合计的比重为1.81%,较2007年上升了0.11个百分点;汽车产业总产出占所有部门总产出合计的比重为3.11%,较2007年上升了0.1个百分点(见表3)。

表3 汽车产业中间投入、增加值和总产出及其占所有部门合计的比重

	2012年		2007年	
	数值 (亿元)	占所有部门 合计的比重 (%)	数值 (亿元)	占所有部门 合计的比重 (%)
汽车产业中间投入	40 153.8	3.77	20 127.8	3.64
汽车产业增加值	9 713.0	1.81	4 535.4	1.70
汽车产业总产出	49 866.9	3.11	24 663.2	3.01

2. 汽车最终使用对相关产品部门产出的完全需要量

投入产出表中的完全消耗系数 $\bar{b}_{ij}$,表明第 j 产品部门每提供一个单位的最终使用时,对第 i 产品部门货物或服务的直接消耗和间接消耗之和。② 以 A 表示直接消耗系数矩阵,以 I 表示单位矩阵,则完全消耗系数矩阵 B 的计算公式为:

$$B = (I-A)^{-1} - I$$

其中,矩阵 $\bar{B}=(I-A)^{-1}$ 为完全需要系数矩阵(又称里昂惕夫逆矩阵),其元素 $\bar{b}_{ij}(i,j=1,2,3,\cdots,n)$ 称为完全需要系数(又称里昂惕夫逆系数),表明第 j 部门增加一个单位的最终使用时,对第 i 产品部门的完全需要量。③ 由计算公式可

---

① 利用2012年投入产出表测算。2012年投入产出表共有139个部门,本文将其中的汽车整车、汽车零部件及配件两个行业合并,故变为138个部门。
② 参见《2012年中国投入产出表》第7页。
③ 完全需要系数矩阵与完全消耗系数矩阵的区别在于前者将各产品部门对自己本身的消耗也涵盖在内,而后者不包括各产品部门对自己本身的消耗。

知,完全需要系数矩阵可由完全消耗矩阵与单位矩阵相加得到,即
$$\bar{B} = B + I$$

投入产出表中的最终使用,是指已退出或暂时退出本期生产活动而为最终需求提供的货物和服务。用汽车产业的最终使用乘以其对各产品部门的完全需要系数,可以得到汽车产业对相应产品部门的完全需要量。根据2007年中国投入产出表,2007年汽车产业的最终使用是10 473.5亿元,对各部门产出的完全需要量合计为41 520.2亿元,其中,第一产业423.5亿元,第二产业37 171亿元,第三产业3 925.7亿元;根据2012年中国投入产出表,2012年汽车产业的最终使用是28 360.8亿元,对各部门产出的完全需要量合计为107 620.9亿元,其中,第一产业1 134.4亿元,第二产业91 478.5亿元,第三产业15 008亿元。

3. 汽车产业每单位最终使用完全需要量的结构变化情况

分别利用2007年和2012年中国投入产出表计算2007年和2012年汽车产业每单位最终使用对各部门产出的完全需要量,可以分析出这两个时期汽车产业每一单位的最终使用需要消耗各部门产出的结构变化(见表4)。

表4 汽车产业每单位最终使用对各部门产出的完全需要量

	2012年	2007年	2012年与2007年的比值
总计	**3.795**	**3.964**	**0.96**
第一产业	**0.040**	**0.040**	**0.99**
第二产业	**3.226**	**3.549**	**0.91**
采矿业	0.201	0.195	1.03
制造业	2.900	3.194	0.91
汽车制造业	1.572	1.646	0.96
黑色金属冶炼和压延加工业	0.211	0.292	0.72
有色金属冶炼和压延加工业	0.191	0.149	1.28
化学原料和化学制品制造业	0.153	0.164	0.94
通用设备制造业	0.117	0.203	0.57
橡胶和塑料制品业	0.099	0.106	0.94
石油加工、炼焦和核燃料加工业	0.088	0.093	0.94
计算机、通信和其他电子设备制造业	0.076	0.065	1.17

(续表)

	2012年	2007年	2012年与2007年的比值
金属制品业	0.062	0.062	1.01
电气机械和器材制造业	0.057	0.092	0.61
纺织业	0.034	0.027	1.28
皮革、毛皮、羽毛及其制品和制鞋业	0.017	0.027	0.63
电力、热力、燃气及水生产和供应业	0.117	0.157	0.74
建筑业	0.008	0.002	3.23
第三产业	**0.529**	**0.375**	**1.41**
批发和零售业	0.125	0.084	1.49
交通运输、仓储和邮政业	0.120	0.092	1.31
住宿和餐饮业	0.020	0.024	0.85
信息传输、软件和信息技术服务业	0.010	0.016	0.64
金融业	0.090	0.047	1.92
房地产业	0.016	0.010	1.52
租赁和商务服务业	0.067	0.038	1.75
科学研究和技术服务业	0.047	0.032	1.46
除上述外其他服务业	0.033	0.031	1.06

注：2012年与2007年的比值用保留三位小数之前的原始数据计算，故与用表格中数据直接相除的结果会略有差异。

计算结果显示，2012年，汽车产业每单位最终使用对各部门产出的完全需要量之和为3.795单位，较2007年3.964单位的水平有所下降。

分产业看，2012年，汽车产业每单位最终使用，对第一产业产出的完全需要量为0.04单位，与2007年基本持平；对第二产业产出的完全需要量为3.226单位，较2007年有所下降；而对第三产业产出的完全需要量为0.529单位，为2007年的1.41倍，呈明显上升态势。

在第二产业中，汽车产业的主要关联行业（除其自身外）有钢铁、有色、化工、橡胶和塑料制品等原材料行业，电力、石油加工等能源行业，通用设备、电子、金属制品、电气机械等装备制造业以及纺织、皮革等轻工行业。**汽车产业每单位最终使用对第二产业产出的完全需要量下降，一定程度上是由于汽车生产过程中的能耗降低所致**（汽车产业每单位最终使用对电力燃气水的产出完全需要量从2007年的0.157单位降低至2012年的0.117单位)。从汽车产业每单位最终使用对第二产业各部门产出的带动来看,还有以下几个值得注意的趋势:**一是汽车产业的基础原材料成本构成有所变化。**2007年和2012年汽车产业(除其自身外)完全需要量位居首位的均是钢铁行业,但其领先地位在2012年不再明显(从0.292单位降至0.211单位);而汽车产业每单位最终使用对有色金属行业产出的完全需要量有迅速赶超的态势,2012年为2007年的1.28倍,已经达到了钢铁行业的九成,体现出轻质材料在汽车制造中的应用日益广泛。**二是汽车产业对电子通信等高技术产业的产出需要量呈现扩张态势。**2012年,汽车产业每单位最终使用对计算机、通信和其他电子设备制造业产出的完全需要量为2007年的1.17倍,从其细分行业看,对电子元器件行业产出的完全需要量达2007年的1.22倍,视听设备行业达1.3倍。**三是汽车产业对纺织等工业消费品行业的产出需要量也增长较快。**2012年,汽车产业每单位最终使用对纺织业的完全需要量达2007年的1.28倍,从其细分行业看,汽车产业对棉、化纤纺织,针织或钩针编织及其制品等几个纺织类主要行业2012年的完全需要量均是2007年的1.5倍以上,体现出汽车产业对内饰产品的产出需要也在上升。

在第三产业中,汽车产业对主要服务行业的产出需要呈现普遍提升态势。汽车产业每单位最终使用对批发和零售业以及交通运输、仓储和邮政业这两个行业产出的完全需要量最大,且2012年分别为2007年的1.49倍和1.31倍;完全需要量增长最快的两个行业是金融业(2012年为2007年的1.92倍)以及租赁和商务服务业(2012年为2007年的1.75倍);汽车产业每单位最终使用对科学研究和技术服务业产出的完全需要量也显著上升,2012年达到了2007年的1.46倍。

应当指出的是,利用投入产出表的完全需要系数计算的汽车产业对各产品部门的完全需要量中,不仅包括了汽车产业对国内各产品部门的需要,也包括汽车产业对国外各产品部门的直接或间接进口需要。所以,若要测算汽车产业对国内各部门产出的拉动,还需要进一步对进口的情况予以考虑和扣除。

(二) 汽车产业对国民经济的贡献

投入产出表中的最终使用[①]，根据使用性质可以分为三部分：最终消费支出、资本形成总额和出口。其中，最终消费支出即消费需求，资本形成总额即投资需求，出口即外部需求或出口需求。以汽车产业的三大最终需求作为基础，并扣除进口因素的影响，可以计算汽车产业对国内各部门产出及增加值的拉动，进而得到汽车产业最终需求对GDP的拉动情况。

1. 测算方法

在投入产出表中，为反映某个产品部门的某种单位最终需求（消费需求、投资需求或者出口需求）所诱发的国内各部门的生产额，可利用最终需求生产诱发公式计算。

对于第i部门增加单位消费或投资需求，诱发的国内各部门的产出，其计算公式为：

$$K_i = [I-(I-\hat{M})A]^{-1} \times (I-\hat{M})S_i$$

其中，A为直接消耗系数矩阵；S_i表示汽车产业所对应行的元素为1、其余元素都为0的列向量；$\hat{M}$为进口系数矩阵，它是一个对角矩阵，主对角线上的第i个元素m_i为第i部门的进口比例系数，表示该部门的进口占该产业国内使用（中间使用合计加最终消费支出合计加资本形成总额合计）的比例。[②] 依据上式计算得到的K_i是一个列向量，其第j个元素表示当第i部门增加单位消费（或投资）需求时，对国内第j部门产出的带动（通过进口系数矩阵扣除了对进口的带动）。

因此，汽车产业单位消费、投资需求对国内各部门产出的诱发公式分别为：

$$K_i^C = [I-(I-\hat{M})A]^{-1} \times (I-\hat{M})S_i$$

$$K_i^I = [I-(I-\hat{M})A]^{-1} \times (I-\hat{M})S_i$$

对于第i部门增加单位出口诱发的国内各部门的产出，其计算公式为：

$$K_i = [I-(I-\hat{M})A]^{-1} \times E_i$$

其中，E_i表示第i行元素为1、其余元素都为0的列向量。依据上式计算得到的

---

① 参见《2012年中国投入产出表》第5页。
② 该矩阵计算的隐含假定是，汽车产业对各产品部门的进口比例等于该产品部门自身的进口比例。

K_i 是一个列向量,其第 j 个元素表示当第 i 部门增加单位出口时,对国内第 j 部门产出的带动。[①]

因此,汽车产业单位出口对国内各部门产出的诱发公式为:

$$K_i^E = [I-(I-\hat{M})A]^{-1} \times E_i$$

从最终需求角度来看,汽车产业消费、投资以及出口需求对国内各部门产出的总拉动为:

$$K_i^C \times 汽车消费需求 + K_i^I \times 汽车投资需求 + K_i^E \times 汽车外部需求$$

计算得到汽车产业最终需求对国内各部门产出的拉动之后,再分别用各个部门的产出乘以部门相应的增加值率,可以得到汽车产业最终需求对国内各部门增加值的拉动。

2. 汽车消费需求对国民经济的贡献

分别利用 2007 年和 2012 年中国投入产出表,根据最终需求生产诱发公式计算 2007 年和 2012 年汽车消费需求对国内各部门增加值的拉动(见表 5)。2012 年,汽车消费需求对各部门增加值的总拉动为 4 145.9 亿元,占 GDP 的 0.772%,其中,对第一产业的拉动为 87.3 亿元;对第二产业的拉动为 2 923.1 亿元;对第三产业的拉动为 1 135.5 亿元。2012 年汽车消费需求的拉动占 GDP 的比重较 2007 年增加了 0.313 个百分点。从主要行业看,汽车消费需求对制造业的拉动增加了 0.165 个百分点,对批发和零售业的拉动增加了 0.049 个百分点,对金融业的拉动增加了 0.027 个百分点,对交通运输、仓储和邮政业的拉动增加了 0.014 个百分点,对租赁和商务服务业的拉动增加了 0.011 个百分点(见表 5)。

表 5 汽车消费需求对国内各部门增加值的拉动

	2012 年		2007 年	
	数值(亿元)	占当年 GDP 的比重(%)	数值(亿元)	占当年 GDP 的比重(%)
总计	4 145.9	0.772	1 220.4	0.459
第一产业	87.3	0.016	26.7	0.010

---

① 这里隐含的假设是进口不会直接用于出口。

（续表）

	2012 年		2007 年	
	数值（亿元）	占当年GDP的比重(%)	数值（亿元）	占当年GDP的比重(%)
第二产业	**2 923.1**	**0.545**	**953.0**	**0.358**
采矿业	231.5	0.043	69.6	0.026
制造业	2 568.1	0.478	833.4	0.313
电力、热力、燃气及水生产和供应业	112.9	0.021	49.3	0.019
建筑业	10.7	0.002	0.7	0.000
第三产业	**1 135.5**	**0.212**	**240.8**	**0.090**
批发和零售业	395.3	0.074	67.3	0.025
交通运输、仓储和邮政业	185.1	0.034	53.4	0.020
住宿和餐饮业	32.7	0.006	10.5	0.004
信息传输、软件和信息技术服务业	20.5	0.004	11.2	0.004
金融业	223.0	0.042	39.7	0.015
房地产业	51.0	0.010	10.9	0.004
租赁和商务服务业	87.4	0.016	13.7	0.005
科学研究和技术服务业	70.5	0.013	18.9	0.007
除上述外其他服务业	69.9	0.013	15.4	0.006

汽车消费的一些数据可以对以上结论有所印证。随着消费需求的升级，与汽车有关的消费不仅包括汽车购置消费，汽车使用过程中的出行消费、旅游消费、保养和修理等服务消费以及汽车保险、信贷等金融消费，对于国民经济均有较强的带动作用，这一趋势不仅体现在2007年至2012年间，近年来更为凸显。

从汽车购置消费看，限额以上汽车零售额2012年至2015年占社会消费品零售总额的比重依次为11.5%、12.3%、12.7%和12.0%，增速依次为7.3%、10.4%、7.7%和5.3%，对社会消费品零售总额增长的贡献率依次为6.2%、10.0%、8.5%和6.2%（见表6）。

表6 汽车零售消费对社会消费品零售总额的贡献率

年份	限额以上汽车零售额（亿元）	占社会消费品零售总额比重（%）	汽车零售额增速（%）	汽车零售对社会消费品零售总额增长的贡献率（%）
2012	23 803	11.5	7.3	6.2
2013	28 885	12.3	10.4	10.0
2014	33 397	12.7	7.7	8.5
2015	36 006	12.0	5.3	6.2

从汽车使用消费来看,2015年年末,全国民用汽车保有量达到17 228万辆,比上年年末增长11.5%,随着汽车进入家庭,汽车出行和汽车旅游支出占居民消费支出的份额日益扩大。据国家发改委数据,2015年成品油表观消费量达27 616万吨,汽车燃料消费为成品油消费的主要组成部分。汽车出行消费的提升对旅游、物流等产业均有显著的促进作用。《2015年中国旅游经济运行分析和2016年发展预测》蓝皮书中发布,2015年中国接待国内外旅游人数超过41亿人次,旅游总收入突破4万亿元,比2014年分别增长10%和12%,其中自驾旅游人次超过半数。汽车保养、维修等汽车服务消费也迅速增长。因此,汽车消费对制造业中的石油加工等行业,第三产业中的交通运输、仓储和邮政业等服务行业带动作用走强。

从汽车金融消费来看,汽车类保险、信贷及其他服务增速均增长较快,印证了汽车消费对金融业拉动作用增强这一态势正进一步凸显。在中国,财产保险保费收入中,车险所占比重最大。据《中国机动车辆保险市场发展报告(2014)》,2014年中国成为全球第二大车险市场,车险保费收入达到5 516亿元,同比增长16.84%,在财产保险业务中的占比为73.12%。与此同时,汽车信贷也快速发展,成为汽车金融的重要组成部分,《2015中国汽车金融年鉴》中指出,2013年,26.00%的受访者使用过信贷购车;2014年,这一数字增加到28.70%;到2015年使用过信贷购车的受访者已升至34.40%。

3. 汽车投资需求对国民经济的贡献

根据最终需求生产诱发公式可以计算出汽车投资需求对国内各部门增加值的拉动(见表7)。2012年,汽车投资需求对各部门增加值的总拉动为14 383.2亿元,占GDP的2.679%,其中,对第一产业的拉动为302.9亿元,对第二产业的拉动为 10 140.9 亿元,对第三产业的拉动为 3 939.4 亿元。2012年,汽车投资需求的拉动占 GDP 的比重较 2007 年上升了 0.734 个百分点。分行业看,2012 年,汽车投资需求对制造业的拉动占 GDP 的比重较 2007 年上升了 0.332 个百分点,其中,对汽车产业自身、有色金属、化工、橡胶和塑料制品、石油加工、金属制品、建材、纺织、通信电子等行业的增加值拉动占比均有上升,对钢铁、通用设备、电气机械行业增加值拉动占比有所下降;2012 年汽车投资需求对服务业的拉动占 GDP 的比重较 2007 年上升了 0.35 个百分点(见表 7)。

表 7 汽车投资需求对国内各部门增加值的拉动

	2012 年		2007 年	
	数值(亿元)	占当年 GDP 的比重(%)	数值(亿元)	占当年 GDP 的比重(%)
总计	**14 383.2**	**2.679**	**5 173.4**	**1.945**
第一产业	**302.9**	**0.056**	**113.1**	**0.043**
第二产业	**10 140.9**	**1.889**	**4 039.7**	**1.518**
采矿业	803.0	0.150	294.8	0.111
制造业	8 909.2	1.660	3 532.9	1.328
汽车制造业	5 356.6	0.998	1 917.3	0.721
黑色金属冶炼和压延加工业	594.8	0.111	324.9	0.122
有色金属冶炼和压延加工业	432.2	0.081	129.8	0.049
通用设备制造业	346.9	0.065	236.0	0.089
化学原料和化学制品制造业	305.8	0.057	125.0	0.047
橡胶和塑料制品业	283.1	0.053	108.8	0.041
石油加工、炼焦和核燃料加工业	214.5	0.040	80.8	0.030
金属制品业	182.3	0.034	64.9	0.024
非金属矿物制品业	180.3	0.034	51.9	0.020
废弃资源综合利用业	163.1	0.030	102.1	0.038
电气机械和器材制造业	123.1	0.023	78.2	0.029
纺织业	94.0	0.018	26.4	0.010
计算机、通信和其他电子设备制造业	92.0	0.017	30.5	0.011
电力、热力、燃气及水生产和供应业	391.5	0.073	209.1	0.079
建筑业	37.2	0.007	2.8	0.001

(续表)

	2012 年		2007 年	
	数值(亿元)	占当年 GDP的比重(%)	数值(亿元)	占当年 GDP的比重(%)
第三产业	**3 939.4**	**0.734**	**1 020.6**	**0.384**
批发和零售业	1 371.4	0.255	285.2	0.107
交通运输、仓储和邮政业	642.2	0.120	226.2	0.085
住宿和餐饮业	113.3	0.021	44.3	0.017
信息传输、软件和信息技术服务业	71.2	0.013	47.7	0.018
金融业	773.6	0.144	168.2	0.063
房地产业	177.0	0.033	46.1	0.017
租赁和商务服务业	303.3	0.057	57.9	0.022
科学研究和技术服务业	244.7	0.046	80.0	0.030
除上述外其他服务业	242.6	0.045	65.1	0.024

2012年以来,资本形成总额(包括固定资本形成总额和存货变动)对GDP增长的贡献率呈下降态势,2013年至2015年分别为54.2%、45.9%、41.7%[①],这与固定资产投资需求增速放缓有关。相比较而言,作为资本、技术密集型行业,汽车产业的固定资产投资还有很大的空间和潜力。2015年,汽车产业的固定资产投资额达到11 527亿元,同比增长14.2%,快于全社会固定资产投资增速4.2个百分点,对固定资产投资增长的贡献率为2.9%(见表8)。

表8 汽车产业投资对全社会固定资产投资的贡献

年份	汽车产业固定资产投资额(亿元)	汽车产业固定资产投资占全社会投资比重(%)	汽车产业固定资产投资增速(%)	全社会固定资产投资增速(%)	汽车产业投资对全社会固定资产投资增长的贡献率(%)
2012	8 004	2.2	32.8	20.6	3.2
2013	9 272	2.1	15.0	19.6	1.7
2014	10 099	2.0	8.3	15.7	1.1
2015	11 527	2.1	14.2	10.0	2.9

从投资类型看,民间投资是汽车产业投资的主要形式,近年来占汽车产业

---

① 《中国统计摘要2016》第38页。

固定资产投资的比重超过70%,且保持了两位数的快速增长。虽然汽车产业民间投资占全国民间投资的比例目前只有3%—4%的水平,但发展势头较好。2016年上半年,在民间固定资产投资同比增长2.8%的情况下,汽车产业的民间投资增速达到了11%,体现出在传统工业行业特别是产能过剩行业投资效益低迷、投资需求放缓的情况下,汽车产业的民间投资意愿旺盛(见表9)。

表9 汽车产业民间投资的金额与增速

年份	汽车产业民间投资		全国民间投资	
	金额(亿元)	增速(%)	金额(亿元)	增速(%)
2012	5 550	40.2	223 982	24.8
2013	6 685	19.5	274 794	23.1
2014	7 674	14.5	321 576	18.1
2015	8 626	12.4	354 007	10.1
2016年上半年	4 214	11.0	158 797	2.8

4. 汽车出口需求对国民经济的贡献

根据最终需求生产诱发公式可以计算出汽车出口需求对国内各部门增加值的拉动(见表10)。2012年,汽车出口需求对国内各部门增加值的拉动为1 852.7亿元,占GDP的比重为0.345%,其中,第一产业为39亿元,第二产业为1 306.2亿元,第三产业为507.4亿元。2012年,汽车出口需求的拉动占GDP的比重较2007年下降0.128个百分点,主要受到对工业拉动占比下降的影响。

表10 汽车出口需求对国内各部门增加值的拉动

	2012年		2007年	
	数值(亿元)	占当年GDP的比重(%)	数值(亿元)	占当年GDP的比重(%)
总计	**1 852.7**	**0.345**	**1 258.2**	**0.473**
第一产业	**39.0**	**0.007**	**27.5**	**0.010**
第二产业	**1 306.2**	**0.243**	**982.5**	**0.369**
采矿业	103.4	0.019	71.7	0.027
制造业	1 147.6	0.214	859.2	0.323
电力、热力、燃气及水生产和供应业	50.4	0.009	50.9	0.019
建筑业	4.8	0.001	0.7	0.000

(续表)

	2012年		2007年	
	数值（亿元）	占当年GDP的比重（%）	数值（亿元）	占当年GDP的比重（%）
第三产业	**507.4**	**0.095**	**248.2**	**0.093**
批发和零售业	176.6	0.033	69.4	0.026
交通运输、仓储和邮政业	82.7	0.015	55.0	0.021
住宿和餐饮业	14.6	0.003	10.8	0.004
信息传输、软件和信息技术服务业	9.2	0.002	11.6	0.004
金融业	99.6	0.019	40.9	0.015
房地产业	22.8	0.004	11.2	0.004
租赁和商务服务业	39.1	0.007	14.1	0.005
科学研究和技术服务业	31.5	0.006	19.5	0.007
除上述外其他服务业	31.3	0.006	15.8	0.006

从汽车产业出口交货值看，国际金融危机爆发之后，汽车产业的出口率（即出口交货值占销售产值的比率）有所下降（见表11），一定程度上与欧美汽车生产制造的回流有关。一些合资企业的欧美母公司将汽车生产部分迁回本国，以抵消国际金融危机爆发后经济低迷对其本国就业的影响。近年来，汽车产业出口率在4%至5%之间徘徊。由于世界经济复苏乏力，汽车产业出口增速近年也有所下滑。2015年，在全部规模以上工业出口交货值同比下降1.8%的背景下，汽车产业出口交货值保持1%的增长已属不易。

表11 汽车产业出口对工业品出口的拉动作用

年份	汽车产业出口交货值（亿元）	汽车产业出口率（%）	汽车产业出口交货值增速（%）	全部规模以上工业出口交货值增速（%）
2002	214.8	3.7	38.1	23.4
2003	302.6	3.7	31.3	30.7
2004	462.1	4.7	46.1	32.6
2005	738.3	6.7	50.9	26.1

(续表)

年份	汽车产业出口交货值（亿元）	汽车产业出口率（%）	汽车产业出口交货值增速（%）	全部规模以上工业出口交货值增速（%）
2006	1 111.8	7.6	40.4	22.9
2007	1 572.5	8.1	41.6	21.5
2008	1 802.2	8.0	13.3	10.8
2009	1 365.8	4.7	−24.0	−10.1
2010	1 950.7	4.9	42.9	25.4
2011	2 432.5	5.3	28.6	16.6
2012	2 723.7	5.5	11.1	7.1
2013	2 948.8	5.0	7.4	5.0
2014	3 007.8	4.6	9.0	6.4
2015	3 062.2	4.4	1.0	−1.8

从进出口产品的比较来看，汽车产业的进出口主要包括汽车及汽车底盘、汽车零配件等。据海关统计，2015年在汽车类主要商品出口中，汽车及汽车底盘出口金额为1 130亿美元，汽车零配件出口金额为4 682亿美元；在汽车类主要商品进口中，汽车及汽车底盘进口金额为4 489.8亿美元，汽车零配件进口金额为2 748.1美元。可见，目前我国汽车类产品出口仍以汽车零配件为主，其出口金额大于进口；进口以汽车整车和底盘为主，其进口金额大于出口。上述数据说明目前中国汽车出口量值还相对较低，整车的出口还处于起步阶段。

虽然出口的比重目前仍然较小，但具有非常重要的地位。从出口区域看，中国汽车的整车出口主要市场还是亚洲国家（见表12），占比为50%左右，许多为"一带一路"沿线国家。以长安汽车为例，海外总体布局为"8+8+3"，包括乘用车八大营销市场：智利、秘鲁、哥伦比亚、巴拉圭、埃及、海湾、阿尔及利亚、阿塞拜疆；商用车八大营销市场：阿尔及利亚、埃及、智利、秘鲁、哥伦比亚、巴拉圭、越南、马来西亚；三大基地：俄罗斯、伊朗、印度。80%的规划布局在"一带一路"沿线。自主品牌凭借自身优势逐步跻身汽车国际市场，除了价格方面的优势，还得益于完整的产业体系、汽车零部件产业的完整性、调配生产的便利性以及相应的低交易成本。

表 12　汽车整车出口区域分布

	出口量（万辆）						2015年增速(%)	2015年比重(%)
	2010年	2011年	2012年	2013年	2014年	2015年		
亚洲	21.5	25.2	34.0	26.4	37.6	37.9	1	50
南美洲	11.6	26.9	23.1	27.4	22.2	19.3	−13	26
非洲	12.6	17.0	25.9	22.7	23.0	12.0	−48	16
欧洲	7.4	12.9	14.9	14.3	9.4	3.1	−67	4
北美洲	2.4	1.4	2.1	2.8	1.8	2.6	46	3
大洋洲	1.1	1.7	1.6	1.1	0.8	0.7	19	1

5. 汽车产业最终需求对国内生产总值的拉动

根据最终需求生产诱发公式计算，2012年，在汽车产业最终需求中，消费需求拉动国内各部门增加值4 145.9亿元；投资需求拉动14 383.2亿元；出口需求拉动1 852.7亿元。2012年，汽车产业最终需求共拉动国内各部门增加值20 381.8亿元，占该年GDP的3.8%。与2007年相比，2012年汽车最终需求的拉动占GDP的比重上升了0.9个百分点，其中，消费需求拉动上升了0.3个百分点，投资需求拉动上升了0.8个百分点，出口需求拉动下降了0.2个百分点（见表13）。

表 13　汽车产业最终需求对GDP的拉动

	2012年		2007年	
	汽车产业拉动的国内各部门增加值（亿元）	占当年GDP的比重（%）	汽车产业拉动的国内各部门增加值（亿元）	占当年GDP的比重（%）
总拉动	20 381.8	3.8	7 652.1	2.9
消费需求	4 145.9	0.8	1 220.4	0.5
投资需求	14 383.2	2.7	5 173.4	1.9
外部需求	1 852.7	0.3	1 258.2	0.5

6. 汽车产业最终需求对GDP增长的拉动

根据最终需求生产诱发公式分别计算汽车产业三大需求对2012年和2007年国内各部门增加值的拉动，两者之差即是汽车产业所拉动的国内各部门增加值增量（12 729.7亿元），其与2012年相对于2007年的现价GDP增量的比值

4.7%,为汽车产业三大需求对2007年至2012年GDP名义增长的贡献率。其中,汽车消费需求对GDP名义增长的贡献率为1.1%,投资需求对GDP名义增长的贡献率为3.4%,出口需求对GDP名义增长的贡献率为0.2%。可以利用2013年、2014年和2015年的汽车消费品零售额同比名义增速、汽车产业固定资产投资额同比名义增速以及汽车产业出口交货值同比名义增速为依据,计算出汽车产业消费需求、投资需求和出口需求增量。具体方法是:利用最终消费支出与社会消费品零售额增速之间的比值和汽车消费品零售额增速计算出汽车消费需求增量;利用资本形成总额增速与全社会固定资产投资增速之间的比值和汽车产业固定资产投资额增速计算出汽车投资需求增量;利用汽车出口交货值增速计算出汽车出口需求增量,在此基础上计算汽车产业三大需求所拉动的增加值增量占这三年现价GDP增量的比值,可以得到汽车产业对2013年、2014年和2015年GDP名义增长的贡献率分别为3.1%、2.2%和2.3%(见表14)。

表14 汽车产业三大需求对GDP增长的贡献率

		2012年相对2007年的增量	2013年同比增量	2014年同比增量	2015年同比增量
汽车产业三大需求的总拉动	增加值增量(亿元)	12 729.7	1 634.6	1 040.8	935.2
	对GDP增长贡献率(%)	4.7	3.1	2.2	2.3
汽车消费需求拉动	增加值增量(亿元)	2 925.5	354.8	268.2	173.6
	对GDP增长贡献率(%)	1.1	0.7	0.6	0.4
汽车投资需求拉动	增加值增量(亿元)	9 209.8	1 142.8	593.5	739.9
	对GDP增长贡献率(%)	3.4	2.1	1.2	1.8
汽车出口需求拉动	增加值增量(亿元)	594.5	137.1	179.1	21.7
	对GDP增长贡献率(%)	0.2	0.3	0.4	0.1

(三) 汽车产业对国民经济拉动的可拓展空间

在上述计算汽车产业对国民经济产出拉动的过程中,涉及两个维度的产出拉动,其一是汽车产业最终使用对各部门产出的完全需要量(即完全需要系数乘以汽车产业当年的最终使用),其二是汽车产业最终使用对国内各部门产出的拉动(即汽车产业消费、投资以及出口需求对国内各部门产出的总拉动,不转化为增加值)。这两者都是汽车产业最终使用对产出的拉动,区别在于前者包含了对国外各部门产出的拉动,而后者仅为对国内各部门产出的拉动。因此,通过比较这两个维度的产出拉动,可以看出汽车产业所完全需要的产出中,多大比例是国内各部门生产的,而剩余部分则来自直接或间接的进口,也是未来汽车产业联动各产业发展可以进一步拓展的空间。

经测算,2012 年,汽车产业对国内产出的拉动占其完全需要量的比例为 74.3%(见表 15)。如果完全需要量中剩余的约四分之一的产出可以"以国内生产代替进口"的话,汽车产业对国民经济的拉动还有可观的拓展空间。从分行业情况来看,如果要提高汽车产业对国民经济的拉动,在以下一些方面还可以进一步发展。

表 15　2012 年汽车产业对国内产出拉动占完全需要量之比

	汽车产业对各部门产出的完全需要量(亿元)(根据完全需要系数测算)	汽车产业对国内各部门产出的拉动(亿元)(根据最终需求生产诱发公式测算)	对国内产出拉动占完全需要量之比(%)(本表第二项除以第一项)
总计	**107 620.9**	**79 974.1**	**74.3**
第一产业	1 134.4	716.8	63.2
第二产业	91 478.5	68 180.8	**74.5**
采矿业	5 691.4	2 414.8	42.4
制造业	82 258.1	63 475.0	77.2
汽车制造业	44 595.0	38 970.2	87.4
黑色金属冶炼和压延加工业	5 984.1	4 714.4	78.8
有色金属冶炼和压延加工业	5 430.6	3 315.5	61.1
化学原料和化学制品制造业	4 352.9	2 446.0	56.2
通用设备制造业	3 308.3	2 300.1	69.5
橡胶和塑料制品业	2 813.4	2 087.1	74.2
石油加工、炼焦和核燃料加工业	2 489.1	1 523.0	61.2
金属制品业	1 766.0	1 303.1	73.8
电气机械和器材制造业	1 605.0	1 021.7	63.7
非金属矿物制品业	1 261.9	912.8	72.3
计算机、通信和其他电子设备制造业	2 163.3	734.8	34.0

(续表)

	汽车产业对各部门产出的完全需要量(亿元)(根据完全需要系数测算)	汽车产业对国内各部门产出的拉动(亿元)(根据最终需求生产诱发公式测算)	对国内产出拉动占完全需要量之比(%)(本表第二项除以第一项)
纺织业	968.9	705.1	72.8
电力、热力、燃气及水生产和供应业	3 310.2	2 134.5	64.5
建筑业	218.8	156.5	71.5
第三产业	**15 008.1**	**11 076.5**	**73.8**
批发和零售业	3 555.1	2 814.0	79.2
交通运输、仓储和邮政业	3 414.3	2 478.2	72.6
住宿和餐饮业	568.5	391.6	68.9
信息传输、软件和信息技术服务业	286.8	197.2	68.8
金融业	2 566.5	1 819.0	70.9
房地产业	452.0	336.4	74.4
租赁和商务服务业	1 903.4	1 324.1	69.6
科学研究和技术服务业	1 327.3	1 023.8	77.1
除上述外其他服务业	934.1	692.2	74.1

汽车产业不仅要推动自身的国内生产能力,也要加强汽车全产业链的国内生产能力。 汽车产业对自身产出的拉动占到了完全需要量的 87.4%,在各行业中居于首位,显示出汽车国内生产的比例较大。这与长期以来国家重视汽车生产的本地化有关。但从汽车与各产品部门的关联情况可知,自主生产能力不仅是汽车产业自身的国内生产能力,还包括汽车全产业链的国产能力。

汽车产业所涉及的原材料行业中,提升中高端、轻质原材料的产出可以显著提高钢铁、有色等行业的发展水平。 2012 年,汽车产业对钢铁行业国内产出的拉动占完全需要量的比例为 78.8%,中高端汽车用钢材还有进一步发展的空间。2012 年,汽车产业对有色金属行业国内产出的拉动占完全需要量的比例仅为 61.1%。从前文对汽车产业完全需要产出结构比例的分析可知,有色金属等轻质材料在汽车原材料中的使用比例有迅速提升的态势,再加上我国有色金属的产能过剩现象比较严重,若能够将汽车生产中使用的高端有色金属产品发展好,代替需求不足的低端产能,将会明显提升我国有色金属行业的发展水平。

在汽车产业所涉及的装备制造业及高技术产业中,电子元器件等高技术产品产出还有可观的拓展空间。2012年,汽车产业对通用设备、金属制品、电气机械国内产出的拉动占完全需要量的比例均低于75%,特别是对计算机、通信和其他电子设备制造业国内产出的拉动比例仅占完全需要量的33.5%,主要是电子元器件的进口比例较大,体现出汽车产业对我国高技术产业的促进作用还可进一步提升。

汽车产业若能够提高全产业链的国内生产比例,也会提高对能源、服务等相关产业的拉动作用。 2012年,汽车产业对电力、热力、燃气及水生产和供应业产出拉动占完全需要量的比例为64.5%,主要是间接进口(即进口的制造业产品生产中所耗的电力等能源)的影响。汽车产业对第三产业产出的拉动占完全需要量的比例为73.8%,分行业看,批发和零售业为79.2%,交通运输、仓储和邮政业为72.6%,金融业为70.9%,租赁和商务服务业为69.6%,科学研究和技术服务业为77.1%。根据前文的分析,汽车产业对这些服务行业产出的完全需要量在明显提升的过程中,如果汽车全产业链的国内生产比例提高,直接或间接进口的服务业产出可以相应地转化为国内服务业产出的话,汽车产业对国民经济的贡献还有更大的拓展空间。

四、汽车产业在中国经济转型升级、实施制造强国战略中的重要作用

汽车产业在经济增长中作用的提升,一方面得益于汽车产业的迅速发展,另一方面也是因为当前中国经济正处于转型升级、新旧动能转换时期,一些产能过剩行业的增速放缓和比重下降使得汽车产业的重要性更加凸显。

(一)汽车产业在经济动能转换中的作用

1. 新动能在汽车产业增长中的贡献增强

汽车产业作为技术密集型产业,其技术积累具有连续性。美、德等西方国家百年的汽车工业积累了大量的生产、开发、设计的先进经验和技术储备。日、韩等亚洲国家作为后来居上者,也在成本控制、品牌战略上具有领先优势。中国要在汽车工业特别是在轿车工业上真正实现技术赶超绝非易事。但近年来,

运动型多用途乘用车(SUV)和新能源汽车成为消费热点,SUV从2009年年产量52.0万辆,提高至2015年年产量602.4万辆(见表16),每年的增速均远超于载货汽车和轿车,占汽车总产量的比重从3.8%上升至24.6%。2015年,新能源汽车产量达到32.8万辆,同比增长161.2%。新动能在汽车产业增长中的贡献增强,也成为促进整体工业和国民经济转型升级的支撑动力。2014年,汽车产业的新产品开发经费支出达到920亿元,在规模以上工业企业新产品开发经费支出中的占比达到9.1%。

表16 汽车及其分类产品产量 （单位:万辆）

年份	汽车	汽车分类产品		
		载货汽车	轿车	SUV
2002	325.1	109.2	109.2	—
2003	444.4	112.4	207.1	—
2004	509.1	111.6	227.6	—
2005	570.5	149.5	277.0	—
2006	727.9	179.8	386.9	—
2007	888.9	218.3	479.8	—
2008	930.6	202.7	503.8	—
2009	1 379.5	308.0	748.5	52.0
2010	1 826.5	391.6	957.6	96.6
2011	1 841.6	324.7	1 012.7	148.6
2012	1 927.6	302.0	1 077.0	200.0
2013	2 212.9	321.5	1 210.4	313.0
2014	2 372.5	312.9	1 248.3	419.0
2015	2 450.4	272.9	1 163.0	602.4

资料来源:《中国工业统计年鉴2015》《2015年国民经济和社会发展统计公报》。

2. 自主品牌取得快速进展

汽车产业的产品升级,给予中国品牌快速发展的细分市场机会。在SUV方面,中国品牌车型的热销大幅提高了其在乘用车市场上的占有率。2015年中国汽车市场上排名前五的SUV品牌,长城的哈弗H6、上汽大众的途观、江淮的瑞风S3、奇瑞的瑞虎、长安的CS75,均是中国自主品牌。随着SUV产量的迅速增长及在汽车中比重的持续上升,中国自主品牌乘用车的市场占有率也显著提高。2015年,中国品牌乘用车共销售873.76万辆,同比增长15.27%,占乘用车销售总量的41.32%,占有率比上年同期提升了2.86个百分点。

在国务院《关于加快培育和发展战略性新兴产业的决定》《关于加快发展节能环保产业的意见》《节能与新能源汽车产业发展规划(2012—2020)》等一系列政策措施作用下,新能源汽车也迅猛发展。2015年,新能源汽车产量32.8万辆,同比增长161.2%。自主品牌纷纷加强技术攻关和示范推广,大力推进高能效、低排放节能汽车发展。2016年年初,在北京车展参展的1 179台车中有147台是新能源汽车,其中自主品牌占了绝大多数,江淮、比亚迪、北汽、广汽、长安、吉利等汽车企业纷纷展示旗下若干款纯电动轿车及纯电动SUV。

在汽车功能性开发和新功能开拓方面,中国品牌也取得了长足的进展,如长安汽车在安全性能测试方面已经达到甚至超过了国际著名品牌的水平,包含自动加速、自动制动、自动控制方向、自动超车避让以及识别车道线与速度标识牌等功能的自动驾驶技术也已开发成功并经过验证。中国品牌取得的佳绩表明,中国汽车的自主开发大有可为。

(二) 汽车产业在经济提质增效中的作用

汽车产业在利润、税收、就业以及提高劳动生产率等方面都做出了重要贡献,在经济提质增效中发挥了重要作用。

1. 汽车产业实现利润连续三年位居工业行业之首

从利润来看,2013—2015年,汽车产业成为41个工业大类行业中创造利润最多的行业,利润总额占规模以上工业利润总额的比重依次为8.1%、9.3%和9.6%,利润率依次为8.44%、8.99%和8.65%,明显高于全部规模以上工业6.11%、5.91%和5.76%的水平。在汽车产业中,利润率最高的是汽车整车制造行业,2013年至2015年利润率位于9.99%至10.76%的区间内;其次是汽车零部件及配件制造行业,2013年至2015年利润率位于6.81%至7.39%的区间内。

从新增利润来看,汽车产业也位居各工业行业前列,2013年新增利润在41个大类行业中排名第2位,占全部规模以上工业新增利润的比重为15%;2014年新增利润在41个大类行业中排名第1位,占全部规模以上工业新增利润的比重为43.8%;2015年,在全部规模以上工业利润同比下降2.3%的情况下,汽车产业利润增长1.5%。

2013年至2015年,规模以上工业企业利润年均增长4.2%,汽车产业利润年均增速达14.4%,汽车产业对规模以上工业利润增长的平均贡献率在25%左右。①

2. 汽车相关税收收入对全国税收收入做出重要贡献

全国税收收入按税种分为国内增值税、国内消费税、营业税、内资企业所得税、外资企业所得税、个人所得税、城市维护建设税、房产税、印花税、城镇土地使用税、土地增值税、车辆购置税、车船税、耕地占用税、契税以及其他各税②;按行业分组又分为各个行业的税收。其中,与汽车直接相关的税种主要是车辆购置税;与汽车直接相关的行业分组是汽车制造业、汽车及零配件批发业③;另外,成品油加工行业与汽车使用密切联系,特别是成品油消费税④,其主要是汽车使用过程中产生的税收(见表17)。从2014年分行业分税种税收收入看,汽车相关来源主要有四部分,一是车辆购置税,2014年为2885.1亿元,占全国税收收入的2.2%;二是成品油消费税,2014年为2826.7亿元,占全国国内消费税的31.5%,占全国税收收入的2.2%;三是汽车制造业税收收入合计,共3988.7亿元(其中有0.8亿元是汽车制造业自身的车辆购置税),占全国税收收入的3.1%;四是汽车及零配件批发税收收入合计,共588.8亿元(其中有1.7亿元是汽车及零配件批发业自身的车辆购置税),占全国税收收入的0.5%。以上四个方面的税收收入之和扣去重复部分(即汽车制造业、汽车及零配件批发业中也包含的车辆购置税),测算得到总的汽车相关税收收入共为10286.8亿元(为

---

① 规模以上工业利润增长及汽车产业利润增长为按当期价格计算的现价增长率,因此对利润增长的贡献率按当期价格计算,为按当期价格计算的汽车产业新增利润与按当期价格计算的规模以上工业新增利润的比值。

② 税收分类来源于《中国税收年鉴》。

③ 此段(汽车相关税收收入对全国税收收入的贡献)中的汽车制造业、汽车及零配件批发业是《中国税收年鉴》的行业分组,为了与前文中仅包括汽车制造业的汽车产业区别开来,此段中不称汽车产业,而分别称汽车制造业、汽车及零配件批发业。

④ 成品油消费税是指消费者在消费汽油、柴油、石脑油、溶剂油、航空煤油、润滑油、燃料油等七种成品油时交纳的消费税,除了汽车用油之外,还包括其他交通运输设备的用油,但因为没有分运输设备的详细税收资料,且汽车用油是成品油消费的主体,所以本文中将成品油消费税作为汽车相关税收收入的一部分。

表10中用灰底所标注的各项税收收入之和),占全国税收收入的7.9%。

表17 2014年分税种全国税收收入和汽车相关行业税收收入

税种	全国税收收入（亿元）	汽车制造业		汽车及零配件批发业		成品油加工	
		税收（亿元）	占全国税收收入比重(%)	税收（亿元）	占全国税收收入比重(%)	税收（亿元）	占全国税收收入比重(%)
税收收入	129 541.1	3 988.7	3.1	588.8	0.5	3 991.0	3.1
国内增值税	30 983.2	1 541.5	5.0	305.4	1.0	829.7	2.7
国内消费税	8 968.7	934.4	10.4	0.0	0.0	2 826.7	31.5
营业税	17 778.9	8.3	0.0	2.5	0.0	3.3	0.0
内资企业所得税	20 014.9	101.6	0.5	154.0	0.8	40.1	0.2
外资企业所得税	6 426.9	907.9	14.1	22.1	0.3	8.5	0.1
个人所得税	7 376.6	112.6	1.5	7.7	0.1	11.4	0.2
城市维护建设税	3 641.9	141.1	3.9	13.2	0.4	183.3	5.0
房产税	1 851.6	31.8	1.7	2.7	0.1	4.5	0.2
印花税	1 542.3	21.4	1.4	6.1	0.4	5.6	0.4
城镇土地使用税	1 992.6	37.0	1.9	1.5	0.1	15.2	0.8
土地增值税	3 914.7	15.4	0.4	0.3	0.0	0.4	0.0
车辆购置税	2 885.1	0.8	0.0	1.7	0.1	0.0	0.0
车船税	541.1	0.2	0.0	0.1	0.0	0.0	0.0
耕地占用税	1 990.9	7.8	0.4	0.3	0.0	2.2	0.1
契税	3 961.1	6.7	0.2	1.0	0.0	1.5	0.0
其他各税	15 670.6	120.0	0.8	1.1	0.0	58.8	0.4

资料来源:《中国税务年鉴2015》。

从历年这四部分税收收入的变化来看(表18列出了2006—2014年每年的汽车相关税收收入[①]),2006年,车辆购置税是税收的最主要来源。2008年,随着汽车产量的增加,汽车制造业税收合计超过车辆购置税成为第一大税收来

---

① 即表17中灰色所标注的各项税收,分列为车辆购置税、成品油消费税、汽车制造业税收合计(扣除车辆购置税)、汽车及其零件批发业税收合计(扣除车辆购置税)四部分。

源。2009年成品油消费税政策调整之后①,成品油消费税从2008年的371.6亿元上升至2009年的2 024.7亿元,而车辆购置税由于对小排量汽车等税收优惠政策而相对增长放缓,2009年至2013年间成品油消费税收入超过了车辆购置税收入。汽车及其零件批发业税收占比相对较小,但2013年、2014年快速增长。总体而言,2006—2008年,汽车相关税收收入占全国税收的比重为4.2%—4.7%;2009—2014年,汽车相关税收收入占全国税收的比重为7.6%—8.8%。

表18　2006—2014年汽车相关税收收入　　　　　　　　（单位:亿元）

年份	全国税收收入	车辆购置税	成品油消费税	汽车制造业税收合计（扣除车辆购置税）	汽车及其零件批发业税收合计（扣除车辆购置税）	汽车相关税收收入合计	占全国税收比重（%）
2006	37 637.0	687.5	298.8	548.5	47.2	1 581.9	4.2
2007	49 451.8	876.9	337.0	843.5	93.9	2 151.3	4.4
2008	57 861.8	989.9	371.6	1 203.0	159.9	2 724.3	4.7
2009	63 103.6	1 163.9	2 024.7	1 588.6	206.6	4 983.7	7.9
2010	77 394.4	1 792.6	2 403.1	2 321.5	312.4	6 829.6	8.8
2011	95 729.5	2 044.9	2 557.3	2 709.1	419.1	7 730.4	8.1
2012	110 764.0	2 228.9	2 811.0	2 970.6	361.5	8 372.0	7.6
2013	119 959.9	2 596.3	2 729.4	3 476.8	541.3	9 343.9	7.8
2014	129 541.1	2 885.1	2 826.7	3 987.9	587.1	10 286.8	7.9

资料来源:《中国税务年鉴2007—2015》。

3. 汽车及相关产业对促进就业及提高劳动生产率发挥了重要作用

在促进就业方面,汽车产业自身的用工人数2015年达到了450万人以上,再加上关联产业至少带动了几千万的人口就业。汽车产业人均主营业务收入从2012年的129.9万元提升到2015年的156.2万元,三年内提升了26.3万元。自主品牌企业不仅重视自身的人力资本建设,还创办职业技术学校或联合高等院校开展人才培育和工程师培训。如长安汽车大学及其北京分校下设领

---

① 2009年1月1日起成品油消费税政策进行了调整:一是提高成品油消费税单位税额,汽油、石脑油、溶剂油、润滑油消费税单位税额由每升0.2元提高到每升1.0元;柴油、航空煤油和燃料油消费税单位税额由每升0.1元提高到每升0.8元;二是调整特殊用途成品油消费税政策。

导力学院、通用管理学院、战略研究学院、技术学院、精益制造学院、供应链学院、营销学院等,为长安汽车输送了大量技术和管理人员;浙江吉利汽车工业学校 2003 年被教育部、交通部、中国汽车工业协会、中国汽车维修行业协会确定为承担汽车运用与维修专业领域技能型紧缺人才培养培训任务的学校,2006 年被教育部评为国家级重点中等职业学校,是台州市 3A 级学校,主要为汽车产业培养汽车制造、汽车检测、汽车销售、汽车维修等领域的高素质技能人才;奇瑞汽车职业学院成立于 2011 年,由奇瑞控股有限公司投资创建并提供经费。自主品牌的教育培训系统在技术人才、文化环境和管理体制方面放眼长远、致力经营,对劳动生产率的提高以及自主品牌质量、品质、性能的进一步提升起到了卓有成效的促进作用。

(三) 汽车产业在实施制造强国战略中的作用

在实施制造强国战略方面,汽车产业的研发、创新及其联动效应,汽车产业对于智能制造和高端装备制造发展的推动以及汽车产业工业化与信息化深度融合等方面,均符合《中国制造 2025》的重点支持方向。

1. 汽车产业推动的研发投资和研发活动对经济向中高端转型起到重要作用

研究与试验发展(R&D)活动及专利是汽车产业发展的重要组成部分。2014 年,汽车产业的 R&D 人员全时当量为 211 213 人年,R&D 经费达 787.2 亿元,有效发明专利数 18 840 件。吉利收购了汽车产业巨头沃尔沃之后,采取了开放创新的研发模式。通过收购,吉利获得了沃尔沃商标使用权,未来 10 年车辆底盘核心技术等一系列重要知识产权以及一大批高精尖技术人才和研发经验,还在欧美发达国家建立了一批海外创新中心,让全球智慧为中国品牌服务。长安汽车自主品牌也在五国九地建立研究院,在更加开放的环境下进行自主开发。

汽车产业除了本身的研发和创新活动之外,对上游的零部件、原材料和下游的第三产业的经济转型也有重要作用。如汽车原材料方面,宝钢汽车板的开发生产从 1988 年起步,从低碳铝镇静钢为基础的普板软钢开始,到超低碳无间隙原子钢(IF 钢)的大力发展,并结合用户使用技术研究,进一步提升汽车板的技术含量,逐步进展到能够生产镀锌和中低强度的高强度钢板,并正在进行以 TRIP 和 DP 为主的高强度及其镀锌钢板系列等热镀锌外板的开发,已经接近或达到了国外同类产品的水平。可以说,宝钢是在钢铁行业盈利水平普遍较高、自身效益状况也较为优越的时期,自我加压、潜心钻研数十年从事汽车板开发的。而在当前钢铁行业内需总体不足、产量增速放缓、国际市场反倾销等贸易壁垒日益加剧的情况下,宝钢仍保持了一定的盈利,得益于其在汽车板技术攻坚上的长期积累和刻苦经营。

2. 汽车产业对智能制造、高端装备制造起到重要带动作用

在全球范围内,制造业正迎来以高度数字化、网络化、智能化的制造生产为特征的工业4.0时代。《中国制造2025》提出制造业创新中心、工业强基、绿色制造、智能制造和高端装备制造创新这五大工程,均与汽车产业有一定的联系。例如,在汽车生产环节,智能制造的运用越来越普遍。汽车的生产车间不仅包括许多自动化技术装备、能够生产多种产品的柔性汽车生产线、工程实验室等,工业机器人也开始大量运用,如抓取、焊接、挤胶机器人等,在精度和准度方面已经超过了人工。中国东部某三千多名员工的汽车生产厂内,就有近四百台工业机器人,每台工业机器人可以代替2—3个工位。但是中国目前自主研发生产的设备还有所欠缺,工业机器人仍以德国进口(如库卡公司)或日本进口为主,未来在智能制造方面还有许多开拓和发展的空间。

3. "互联网+"与汽车产业的融合促进第二产业和第三产业的协同发展

面对"互联网+"的时代大势,汽车制造也将越来越体现场景化、体验式、私人定制的特征,汽车产业将与互联网、大数据、智能驾驶、交互娱乐等新一代信息技术的应用相融合。"互联网+汽车"不再是简单的代步工具,更是具有强大信息处理功能的移动终端。用户直接在线上下单,选择汽车的各项配置和功能,生产者围绕用户需求提供服务。原料的来源、工厂的生产环节和生产进度对用户完全信息透明,用户可以随时跟进甚至调整需求。在这个过程中,汽车企业也可以积累用户的大数据资源,为生产决策提供支撑。在生产性服务业方面,汽车企业现已纷纷将隶属于第三产业的体验服务等内容纳入经营范围,在邀请用户参观汽车企业和车展的同时,在汽车企业周边开发试驾体验与户外娱乐为一体的体验园区,吸引游览和消费者。汽车产业正从制造业向服务业进一步延伸,通过信息技术手段和跨界融合理念,促进第二产业与第三产业之间的协同发展。

五、关于制造强国战略下中国汽车产业发展路径的探讨

通过分析中国汽车产业的发展历程、在国民经济中的重要地位、对经济增长的贡献,特别是汽车产业在中国经济转型升级中的重要作用和潜在空间,可知汽车产业发展对于推进制造强国战略的重要意义。汽车产业的研发、生产、销售和运营直接或间接涉及国民经济的各个部门,从上游的原材料工业、能源工业、装备制造业等多个行业,到下游的销售、运输、金融、广告各个环节,能够对国民经济产生很强的关联带动效应。结合国际经验和中国现状,下面对制造强国战略下中国汽车产业发展路径做一些初步的探讨。

(一) 路径分析

从发展路径的选择来看,中国汽车产业六十多年的发展历程显示,自主开发和创新驱动是现实之需也是长期的战略选择。根据投入产出表的分析结果,汽车产业"以国内生产代替进口"的拓展空间很大,包括中高端、轻质原材料产业、装备制造业和高技术制造业以及所联动的服务业;通过对当前新动能发展的观察,我国汽车产业的转型升级进程已在进行,新动能增势迅猛,如果能够把握自主开发创新这条主线,未来大有可为。

1. 制造业发展的国内外形势凸显以汽车产业振兴推动中国制造强国战略的重要性和必要性

在当前世界经济竞争加剧、国际政治风云变幻的严峻形势下,制造业的战略地位更凸显于核心设备、关键零部件、战略性新材料和高端制造,以及科技研发成果的产品转化;在第一、第二、第三产业协同发展的条件下,制造业在国民经济中的比重随着服务业的快速发展而相对降低的同时,其支柱作用更加体现于效益、质量和技术水平的提高;在产能过剩、工业行业内需不足、增速放缓的情况下,代表制造业最先进生产力的新材料、新能源、高端装备、智能制造以及代表时代发展的"互联网+"都能与汽车产业有机结合、互促发展,更体现出以汽车产业振兴推动中国制造强国战略是可行之路。在新形势下,汽车产业的振兴,有助于促进供需结构的平衡、质量效益的提升、核心竞争力的增强和高精尖技术的培育。

2. 历史证明,国家层面自主开发创新的政治决心和企业层面自主开发创新的战略远见对赶超国家的技术进步和能力发展具有决定性作用

汽车产业的技术发展有其延续性,从汽车发明起,发动机、底盘、车身的基本构造一直沿袭下来,而新技术、新材料、新功能的开发都是在原有积累的基础上逐步展开的,因而汽车的制造技术代表着工业的现代化程度。从发达国家的工业化进程可以看出,汽车产业的振兴是经济崛起的重要因素。第二次工业革命中,德国、美国经济的快速发展,以汽车工业的产业化和现代化为标志。第二次世界大战之后,日本与韩国经济步入高收入水平,也得益于其汽车产业通过快速赶超登上世界舞台的前端。主要发达国家经济的崛起不仅与汽车产业的贡献直接相关,更得益于汽车产业振兴带动的经济发展方式的转变及劳动生产率的提高,这是因为,汽车工业的技术经验和人才积累具有联动效应,对于提升整体制造业的技术能力大有裨益。而日本、韩国在汽车产业上对欧美国家赶超的成功经验,一方面来自国家层面自主开发的国家战略,另一方面来自企业层面对汽车市场突破点的敏锐抓取和自主开发的战略远见。

从国家层面来看,以国家战略推进自主开发,以技术积累形成创新驱动力是实现赶超的有利条件。韩国政府作为驱动自主创新投资的引导者,在资金方面给大企业集团提供低成本贷款,在技术方面建立公共研究机构,在大学中设立了新的工程研发中心,并以税收优惠为主要手段鼓励大学与工业部门的合作。1973年韩国政府颁布"国民车"育成计划,明确了汽车工业有关部门实现国产化的目标,制定了国产化的具体产品和日程表,并对有助于国产化的必要原材料进口给予免税等优惠待遇,以发展自主掌握技术的汽车车型为目标,三家汽车财阀受命于政府参加了研发"国民车"的竞赛,开启了韩国汽车自主研发设计的历史,使得韩国在小型、节能车型上具有了优势。

从企业层面来看,把握技术创新的递进特征、抓住细节上的突破点,是企业成功实现赶超的重要经验。日本的赶超,主要是抓住了全球能源危机对经济车型的需求转型。20世纪70年代全球能源危机之后,石油价格走高,高昂的油费让大排量的美系车难以满足居民的需求,而日本车以排量小、节能降耗、经济实用、性价比高等特点一跃登上了美国和欧洲汽车雄霸的舞台,丰厚的利润率主要得益于丰田汽车首创的以适时生产(just in time)和全面质量管理(total quality control)为主要特征的新型生产系统。韩国的赶超,主要是在掌握自主技

的基础上通过工程设计对欧美车型进行改造发展。韩国抓住欧美车型重实用、轻装饰的特点,用工程设计对成熟车型进行改造和发展,提高产品的时尚性,或在控制成本的同时提高配置档次。韩国的汽车企业集团建立了高效的企业学习系统,不依赖于全套引进产品线,而是分块引进,自己来设计产品线。

在赶超的过程中,自主开发是关键、前提和重中之重,而并不存在所谓的捷径。通过自主开发积累技术经验,才可能真正地实现汽车产业振兴乃至实现制造强国战略。

3. 汽车产业自主开发及其联动全产业链的自主开发,是中国汽车产业实施制造强国战略乃至创新驱动战略和"一带一路"战略的必然选择

由中国制造向中国创造、由汽车大国向汽车强国的转变,必须通过自主品牌的发展来实现。SUV、新能源汽车自主品牌取得的消费热誉和市场份额显示,中国自主品牌也有在技术递进中通过自主开发实现超越的潜力。通过产品开发平台、工作平台的建立,中国自主品牌也能在更高品质、更强性能与先进技术上形成竞争力。

创新是汽车产业自主开发的灵魂,抓住创新人才的时间窗口期加强自主创新能力培育极具紧迫性。成为创新型国家,首要的就是培育和形成一批有高技术能力的创新人才,并且经济中有高技术就业岗位充分吸纳创新人才,实现高技术生产能力的积累与提升,而汽车产业可以提供许多技术创新和研发岗位。目前中国劳动人口的年龄结构正在发生变化,具有较强创新力的青年劳动力比重正面临下行趋势,因此抓住当前的时间窗口期形成汽车产业创新人才群体非常紧迫。

目前"一带一路"沿线国家是中国汽车出口的主要市场,一些自主品牌也已经在这些国家投资建厂。虽然目前出口的份额尚小,但若能发挥汽车产业链长、关联行业多的特点,促进上游原材料、零部件产业乃至下游服务业协同出口,就可以广泛地拓宽中国工业品和服务的出口渠道。

(二) 竞争力及其影响因素分析

从汽车产业发展的竞争力来看,主要包括制造能力、技术设计能力、设备能力、营销服务能力等。制造能力和成本优势是中国汽车产业的传统优势;营销服务能力、互联网的运用和模式的创新是近年来发展较快的方面;技术设计能

力、设备能力虽然也逐步发展,但一定程度上,还是中国汽车产业的短板。在利润率方面,中国的汽车企业也相对处于劣势。表明中国汽车产业目前的发展还存在不足之处和进步的空间。

第一,合资企业占主导地位与汽车产业研发能力不足有因果关系。合资模式具有阶段性作用,随着汽车产业发展对研发能力的需要与日俱增,合资模式日益显示出其制约作用。由于合资企业存在对外方技术的依赖,缺乏对自主创新的引导激励机制,致使中国许多汽车企业处于加工制造、组装生产的较低层次上,与汽车产业研发能力和技术学习能力不足形成了因果关系,因而自主品牌开发能力较弱。

第二,基于产品税收减免的汽车消费政策能够起到调控需求的作用,但是在促进汽车生产开发的战略目标方面仍然需要供给侧的顶层设计。通过分析汽车月度产量的变化,可以看出2009年、2015年两次基于产品补贴的消费政策有效刺激了需求的回升,并对稳增长起到了相应的作用,这与汽车具有较大需求价格弹性有关。但是,如果要增强汽车产业的发展能力,还需要供给侧的顶层设计,从国家战略的层面上推进开发研究,特别是基础性关键技术研究。

第三,技术学习和追赶方式存在规律性,一些其他国家或者其他产业的成功经验可以为中国汽车产业所借鉴。不仅日本、韩国在汽车产业上的赶超经验值得我们学习,中国高铁的技术学习和追赶模式也值得汽车产业借鉴。中国高铁以长期技术积累和创新实践为基础,利用庞大的国内市场需求的力量整合增加对技术和产品引进者的谈判砝码,改变产业竞争结构和力量对比,一揽子引进众多先进技术,并在此基础上进行消化吸收和集成创新,从而在较短的时间内实现技术追赶和跃迁。中国高铁产业的发展这个实例说明国家层面上的资源整合对于技术引进、学习、吸收、开发、创新全流程的重要性。[①]

(三) 政策建议

汽车产业发展的路径分析和竞争力分析表明,在开放条件下坚持自主开发,在坚持自主开发的同时对外开放,是正确的政策选择。构建制造强国,必须加强顶层设计和资源整合、加强汽车产业协同创新和技术跨界应用,围绕用户

---

① 吴金希:《高铁模式对战略新兴产业发展的借鉴和启示》,《中国科技财富》,2011年第15期。

需求加大研发投入和产业创新。具体有以下几条政策建议。

第一,以加强自主开发、创新驱动为导向,从国家战略、顶层设计的角度,提升汽车产业乃至全产业链的国内生产能力。通过资源整合以及组织协调,创立国家层面的自主产品开发平台以及组织层次和技术层次的工作平台,加强汽车企业、汽车人才之间的协作,集全国之力开展技术攻坚和研究开发,特别是促进基础性关键技术研究。不仅着力于提升汽车产品的自主生产、原材料和零部件的国产能力,还包括生产汽车的技术设备、高端装备、自动化系统乃至工业机器人的自主开发制造能力。

第二,注重高技术人才的培养以及高技术岗位的培育,形成有创新能力的汽车人才团队。在国家层面上给予汽车技术人才培养特别是高端装备的制造、维修和设计方面的人才培养更多激励,推动汽车企业与高等院校加强合作,抓住创新劳动人口的时间窗口期,加大汽车人才团队建设,激励更多的高技术劳动力成为汽车及其相关产业的工业设计开发人才。

第三,在"走出去"方面增强出口竞争力、加强产业合作,探索从汽车出口到产业链协同出口的可能性。在国际贸易战略中,为汽车出口特别是自主品牌出口创造更加良好的贸易环境,在实施"一带一路"战略过程中拓展对外贸易市场,促进企业与行业的协调并进,汽车产业与上下游产业之间的联合合作、优势互补,通过出口竞争力的增强逐步形成产业链协同出口的优势合力。如加强信息服务"走出去",在海外成立制造业商会或行业协会组织等,就出口地区的地缘政治、金融及法律规范等信息与企业加强互通,为应对对外投资争端、企业经营纠纷等提供更好的资讯和法律服务。

创新驱动需要深厚内功的积累,结构优化需要循序渐进的改善。以汽车产业振兴推进制造强国战略,应在创新驱动、关键动能上发力,有战略、有步骤、有系统地以汽车产业的技术创新驱动各产业的协同创新,以汽车及各关联行业的转型升级推进国民经济体系整体的升级发展,以奋力筑造制造强国,为实现中华民族伟大复兴的"中国梦"凝聚力量。

参 考 文 献

[1] 二十一世纪报系中国汽车金融实验室:《2015 中国汽车金融年鉴》,

2015年11月22日。

［2］国家统计局工业统计司:《中国工业统计年鉴2015》,中国统计出版社,2015年。

［3］国家统计局国民经济核算司:《2007年中国投入产出表》,中国统计出版社,2011年。

［4］国家统计局国民经济核算司:《2012年中国投入产出表》,中国统计出版社,2015年。

［5］国家税务总局:《中国税务年鉴2015》,中国税务出版社,2015年。

［6］国务院:《关于加快发展节能环保产业的意见》(国发〔2013〕30号),2013年8月1日。

［7］国务院:《关于加快培育和发展战略性新兴产业的决定》(国发〔2010〕32号),2010年10月10日。

［8］国务院:《关于印发〈节能与新能源汽车产业发展规划(2012—2020年)〉的通知》(国发〔2012〕22号),2012年7月9日。

［9］国务院:《关于印发〈中国制造2025〉的通知》(国发〔2015〕28号),2015年5月8日。

［10］路风、封凯栋:《发展我国自主知识产权汽车工业的政策选择》,北京大学出版社,2005年。

［11］王利、张丕军、陆匠心(宝钢股份公司):《宝钢汽车板的开发及应用》,http://cg.custeel.com/gb2312/editor/custeelhelp/help93/custeelhelp93.htm。

［12］吴金希:《高铁模式对战略新兴产业发展的借鉴和启示》,《中国科技财富》,2011年第15期。

［13］许宪春、贾海、李皎等:《房地产经济对中国国民经济增长的作用研究》,《中国社会科学》,2015年第1期。

［14］张远鹏:《韩国、中国大陆汽车产业政策比较分析》,《世界经济与政治论坛》,2007年第6期。

［15］中国保险行业协会:《中国机动车辆保险市场发展报告(2014)》,2015年12月16日。

［16］中国旅游研究院:《2015年中国旅游经济运行分析和2016年发展预测》,2016年1月。

[17] 中国汽车工业协会:《中国汽车发展战略研究》,机械工业出版社,2014年。

[18] 中国汽车技术研究中心、中国汽车工业协会:《中国汽车工业年鉴2003》,2003年。

[19] 中国日报网:《6家中国车企进入世界500强 数量与日本并列全球第一》,2015年7月27日。

[20] 中华人民共和国国家统计局:《中国统计年鉴2015》,中国统计出版社,2015年。

[21] 中华人民共和国国家统计局:《中国统计摘要2016》,中国统计出版社,2016年。

[22] 中华人民共和国国家统计局:《中华人民共和国2015年国民经济和社会发展统计公报》,中国统计出版社,2016年。

3. 高技术产业发展对经济增长和促进就业的作用研究

张钟文　叶银丹　许宪春　赵艳朋[*]

【摘要】 本轮国际金融危机之后,我国经济下行压力加大,传统产业增长乏力,但是新经济却表现出良好的势头。高技术产业作为工业新经济的代表,相比传统制造业在增长速度上具有明显的优势。本文运用统计和国民经济核算理论及方法,从投资、生产和就业的角度来系统和完整地揭示高技术产业发展对我国国民经济的影响。结果表明:高技术产业投资年均增长率达到25.17%,对后危机时代抑制投资过快下滑起到了缓冲作用;其不变价增加值的年均增长率达到19.18%,比GDP年均增长率高出9.19个百分点,尤其在经济下行阶段对GDP增长的贡献率达到14.30%;高技术产业对其他行业的生产以及就业的拉动作用明显,尤其是对传统制造业的拉动效果突出。促进高技术产业快速发展,对于应对经济下行和转变发展方式具有重要意义。

本轮国际金融危机之后,我国经济面临较大的下行压力,2009年以后我国经济进入了下行通道,2015年的GDP增速更是下降到6.9%。尽管传统产业增长乏力,但是以高新技术产业、新能源、"互联网+"等为代表的新经济却发展

---

[*] 张钟文,清华大学经济管理学院博士后;叶银丹,中国人民大学统计学院博士研究生;许宪春,国家统计局高级统计师;赵艳朋,河南省财政厅主任科员。

势头良好,其中,2015年规模以上高技术产业(仅含制造业①)增加值增长了10.2%,比规模以上工业增加值的增速高出4.1个百分点。高技术产业作为工业新经济的代表,对于转变经济发展方式具有至关重要的作用。在供给侧结构性改革的背景下,研究高技术产业对国民经济的影响有着重要的现实意义。

目前,有一些学者探讨了高技术产业与经济增长的关系。现有研究主要利用灰色关联分析法、协整检验、格兰杰因果关系检验等方法,来探究两者之间的关系。研究的关注点主要集中在以下三个方面:一是高技术产业对经济增长的促进情况,例如赵玉林、魏芳(2006),陈铁山等(2012),等等,相关研究无论是立足于区域还是全国视角,得出的结论基本均为高技术产业发展对经济增长的带动作用日益凸显;二是经济增长对高技术产业发展的影响,例如蔡锋伟(2008)、李洪伟等(2013),等等,研究结论因选用的数据、方法和研究的地理范围不同而存在较大差异,学者们对于经济增长是否有效促进高技术产业的发展并未达成较为统一的意见;三是两者之间的互动关系研究,例如陈新国等(2011)、张华平(2013)、姚世斌等(2015)等,研究结论基本表明两者之间存在长期稳定的均衡关系。

但是迄今为止,关于高技术产业对我国国民经济的影响研究,还缺乏系统性和完整性。本文则依据统计和国民经济核算理论及方法,首先从高技术产业投资和生产两个角度考察高技术产业对经济增长的作用,随后测算了高技术产业对国民经济各行业的就业促进情况,从而比较系统而完整地研究了高技术产业对我国国民经济的影响。

一、高技术产业投资对国民经济增长的作用

(一) 高技术产业投资的概念

高技术产业是知识密集型和技术密集型产业,国家统计局借鉴 OECD(经济合作与发展组织)关于高技术产业的分类方法,将国民经济行业中 R&D 投

---

① 由于高技术产业(服务业)的统计还存在较大的问题,而高技术产业(制造业)的统计则相对稳定可靠,故本文中所称的高技术产业都只包含制造业部分。

入强度(即R&D经费支出占主营业务收入的比重)相对较高的制造业行业定义为高技术产业。2002年公布的《高技术产业统计分类目录》中,将核燃料加工、信息化学品制造业、医药制造业、航空航天器制造业、电子及通信设备制造业、电子计算机及办公设备制造业、医疗设备及仪器仪表制造业、公共软件服务业八类产业定义为高技术产业。2013年的《高技术产业(制造业)分类(2013)》中,高技术产业包括医药制造,航空、航天器及设备制造,电子及通信设备制造,计算机及办公设备制造,医疗仪器设备及仪器仪表制造,信息化学品制造六大类。

本文只考察高技术产业中的制造业部分,依据《高技术产业(制造业)分类(2013)》,根据《中国高技术产业统计年鉴》确立了如下高技术行业,即医药制造业、航空航天器制造业、通信设备制造业、雷达及广播设备制造业、家用视听设备制造业、电子元器件制造业、其他电子设备制造业、电子计算机制造业、办公设备制造业、医疗仪器设备及器械制造业和仪器仪表制造业,对应的高技术产业投资就是指这些行业的固定资产投资。

(二) 高技术产业投资的历史变化

随着科学技术在经济、文化、社会等领域的影响越来越大,许多国家把发展高技术产业纳入国家的发展规划。我国也从1986年11月起启动实施高技术研究发展计划(简称"863计划"),这项计划为我国在高科技领域的发展奠定了基础。随后,我国政府批准实施发展中国高新技术产业的指导性计划——"火炬计划",并通过出台《高技术产业发展"十一五"规划》和《国务院关于加快培育和发展战略性新兴产业的决定》等文件进一步推进我国高技术产业的投资和发展。

在高技术产业统计方面,国家统计局2000年开始制定高技术产业标准,2002年发布《高技术产业统计分类目录》,并出版《中国高技术产业统计年鉴》,目前能从年鉴中得到的最早的高技术产业投资数据是1996年的,仅为306.6亿元,经过将近20年的发展,2014年我国高技术产业固定投资额为17451.72亿元(见图1),是1996年的60倍,年均增长率为25.17%。

高技术产业投资总额逐年上升,除1997年增长速度为9.25%,1999年增长速度为4.25%外,其他年份的增长速度均超过10%,但增长速度不是很稳

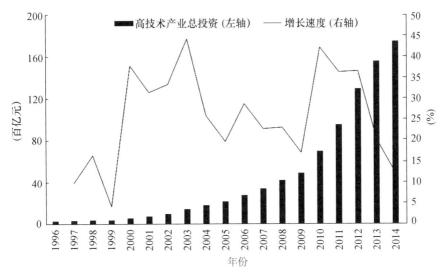

图 1 1996—2014 年高技术产业投资和增长速度
资料来源:高技术产业固定资产投资数据来自历年《中国高技术产业统计年鉴》。

定。1999 年增速跌至最低点 4.25%,2003 年攀升至最高峰 44.22%,随后几年波动中下降至 2009 年的 17.00%。2010 年反弹至 42.24%,随后几年逐渐下降,2014 年增长速度为 12.17%(见图 2)。

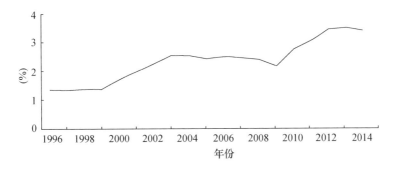

图 2 1996—2014 年高技术产业投资占全社会固定资产投资的比重
资料来源:高技术产业固定资产投资数据来自历年《中国高技术产业统计年鉴》,全社会固定资产投资数据来自历年《中国统计年鉴》。

(三) 高技术产业投资对全社会固定资产投资增长的贡献

从高技术产业投资占全社会固定资产投资的比重看,近 20 年时间内大致经历了四个阶段。1996—1998年为基本平稳时期，比重小幅地从1.34%上升至1.38%，年平均比重为1.36%；1999—2003年为第一个上升时期，比重从1999年的1.37%上升至2003年的2.56%，年平均比重为1.98%；2004—2009年是第二个较平稳时期，除2006年比重小幅回升外，其他年份比重逐年小幅下降，从2004年的2.54%逐渐调整至2009的2.17%，年平均比重为2.42%；2010—2014年为第二个上升阶段，比重从2010年的2.76%上升至2013年的3.49%，2014年小幅下降至3.41%，年均比重为3.23%（见表1）。

表1 高技术产业投资对全社会固定资产投资增长的贡献

年份	高技术产业投资（亿元）	占全社会固定资产投资的比重（%）	对全社会固定资产投资增长的贡献率（%）
1997	336.75	1.35	1.49
1998	391.88	1.38	1.59
1999	408.52	1.37	1.15
2000	562.95	1.71	5.04
2001	739.76	1.99	4.12
2002	986.78	2.27	3.93
2003	1 423.13	2.56	3.62
2004	1 790.49	2.54	2.46
2005	2 144.09	2.42	1.93
2006	2 761.02	2.51	2.91
2007	3 388.35	2.47	2.30
2008	4 169.23	2.41	2.20
2009	4 882.24	2.17	1.38
2010	6 944.73	2.76	7.61
2011	9 468.46	3.04	4.22
2012	12 932.65	3.45	5.48
2013	15 557.68	3.49	3.67
2014	17 451.72	3.41	2.88

注：高技术产业投资对全社会固定资产投资增长的贡献率＝(当年高技术产业投资－上年高技术产业投资)/(当年全社会固定资产投资－上年全社会固定资产投资)×100%。

资料来源：高技术产业固定资产投资数据来自历年《中国高技术产业统计年鉴》，全社会固定资产投资数据来自历年《中国统计年鉴》。

从以上分析可以看出,四个阶段高技术产业投资占全社会固定资产投资的平均比重分别为1.36%、1.98%、2.42%和3.23%,说明我国高技术产业投资在全社会固定资产中的比例是逐渐上升的。

从高技术产业投资对全社会固定资产投资增长的贡献率来看,1997—1999年保持稳定,均值为1.41%;2000—2009年贡献率在振荡中下降,从2000年的5.04%振荡下降至2009年的1.38%,均值为2.99%;2010年迅速上升至7.16%后振荡下降至2014年的2.88%,期间均值为4.77%。贡献率虽有波动,但是从三个阶段的均值来看,高技术产业投资对全社会固定资产投资增长的贡献率也是逐渐上升的,尤其突出的是2009年之后,该时期的贡献率明显高于其他时期,这主要是因为2008年全球金融危机对中国经济造成了很大的冲击,全社会固定资产投资增长率相对2009年之前明显下降,而同时期的高技术产业投资却大幅提升,投资增长率明显高于全社会固定资产投资增长率[①],从而使得贡献率大幅提升,这对后危机时代抑制投资过快下滑起到了缓冲作用。

(四) 高技术产业投资对国民经济增长的贡献

高技术产业投资对国民经济增长的贡献,是通过支出法GDP中的固定资本形成总额对GDP增长的贡献推算出来的。

全社会固定资产投资是以货币形式表现的在一定时期内全社会建造和购置固定资产的工作量以及与此有关的费用的总称。[②] 支出法GDP中的固定资本形成总额是指常住单位在一定时期内获得的固定资产减去处置的固定资产的价值总额。[③] 固定资本形成总额是在全社会固定资产投资的基础上通过口径范围调整和数据高估方面的调整计算出来的。[④]

借鉴许宪春等(2015)的方法,本文利用"固定资本形成总额占支出法GDP的比重"和"高技术产业投资占全社会固定资产投资的比重",推算出高技术产业投资形成的固定资本形成总额占支出法GDP的比重;利用"固定资本形成总

---

① 关于全社会固定资产投资增长率和高技术产业投资增长率的图见附录一。
② 参见国家统计局网站对固定资产投资的解释,http://www.stats.gov.cn/tjsj/zbjs/201310/t20131029_449538.html。
③ 许宪春:《准确理解中国的收入、消费和投资》,《中国社会科学》,2013年第2期。
④ 全社会固定资产投资和支出法GDP中固定资产形成总额的具体区别详见许宪春:《准确理解中国的收入、消费和投资》,《中国社会科学》,2013年第2期。

额对支出法 GDP 增长的贡献率"和"高技术产业投资占全社会固定资产投资的比重",推算出高技术产业投资对 GDP 增长的贡献率。

根据计算结果,高技术产业投资形成的固定资本形成总额占支出法 GDP 的比重大体上呈上升趋势,但稍有波动。1996—2004 年基本处于上升阶段,从 1996 年的 0.43% 上升到 2004 年的 1.01%,均值为 0.64%;2005—2008 年处于稳定阶段,保持在 1% 左右,均值为 0.96%;2009—2014 年是第二个快速上升时期,从 2009 年的 0.96% 上升至 2013 年的 1.55%,2014 年稍有回落,为 1.50%,均值为 1.35%(见表 2)。从三个阶段比重的均值来看,高技术产业投资形成的固定资本形成总额占支出法 GDP 的比重是逐渐上升的。

表 2 高技术产业投资形成的固定资本形成总额占支出法 GDP 的比重(单位:%)

年份	高技术产业投资占全社会固定资产投资的比重	固定资本形成总额占支出法 GDP 的比重	高技术产业投资形成的固定资本形成总额占支出法 GDP 的比重
1996	1.34	32.07	0.43
1997	1.35	31.39	0.42
1998	1.38	33.33	0.46
1999	1.37	32.95	0.45
2000	1.71	32.94	0.56
2001	1.99	33.80	0.67
2002	2.27	35.35	0.80
2003	2.56	38.54	0.99
2004	2.54	39.85	1.01
2005	2.42	39.53	0.95
2006	2.51	38.86	0.98
2007	2.47	38.08	0.94
2008	2.41	39.40	0.95
2009	2.17	44.14	0.96
2010	2.76	44.56	1.23
2011	3.04	44.49	1.35
2012	3.45	44.46	1.53
2013	3.49	44.60	1.55
2014	3.41	43.96	1.50

注:高技术产业投资形成的固定资本形成总额占支出法 GDP 的比重=高技术产业投资占全社会固定资产投资的比重×固定资本形成总额占支出法 GDP 的比重。

资料来源:高技术产业固定资产投资数据来自历年《中国高技术产业统计年鉴》,支出法 GDP、固定资本形成总额和全社会固定资产投资数据来自历年《中国统计年鉴》。

从高技术产业投资对GDP增长的贡献率来看,1997—2003年为上升区间,贡献率从1997年的0.32%上升至2003年的1.89%,均值为0.88%;2004—2009年的贡献率经历先下降后上升的变化趋势,从2004年的1.50%下降至2006年的1.09%,随后逐渐上升,2009年升至所有年份的最高点2.61%,期间均值为1.47%;2010—2014年贡献率的波动较大,先从2010年的1.87%下降至2011年的1.78%,随后逐渐上升至2013年的2.49%,2014年又下降至1.67%,均值为2.03%。1997—2014年高技术产业投资对GDP增长的贡献率整体呈上升趋势,平均为1.40%(见表3)。

表3 高技术产业投资对GDP增长的贡献率　　　　　　　　（单位:%）

年份	高技术产业投资占全社会固定资产投资的比重	固定资本形成总额对支出法GDP增长的贡献率	高技术产业投资对支出法GDP增长的贡献率
1997	1.35	23.65	0.32
1998	1.38	54.90	0.76
1999	1.37	23.51	0.32
2000	1.71	36.22	0.62
2001	1.99	51.25	1.02
2002	2.27	55.04	1.25
2003	2.56	73.92	1.89
2004	2.54	58.86	1.50
2005	2.42	48.89	1.18
2006	2.51	43.49	1.09
2007	2.47	46.92	1.16
2008	2.41	52.48	1.27
2009	2.17	120.13	2.61
2010	2.76	67.78	1.87
2011	3.04	58.57	1.78
2012	3.45	67.38	2.33
2013	3.49	71.40	2.49
2014	3.41	48.99	1.67

注:高技术产业投资形成的固定资本形成总额对支出法GDP增长的贡献率＝高技术产业投资占全社会固定资产投资的比重×固定资本形成总额对支出法GDP增长的贡献率。

资料来源:高技术产业固定资产投资数据来自历年《中国高技术产业统计年鉴》,支出法GDP、固定资本形成总额和全社会固定资产投资数据来自历年《中国统计年鉴》。

二、高技术产业生产对经济增长的贡献

(一) 高技术产业增加值占 GDP 的份额

1. 高技术产业增加值计算

在投入产出表编制年度(2002年、2007年、2012年),高技术产业增加值用投入产出表计算,即增加值由企业的劳动者报酬、生产税净额、固定资产折旧和营业盈余四项相加得到。参考张同斌、高铁梅(2012)的方法[①],我们按照2013年国家统计局公布的《高技术产业(制造业)分类》,并结合2011年和2002年国家统计局公布的国民经济行业分类(GB/T 4754-2011,GB/T 4754-2002),将2002年、2007年和2012年投入产出表中高技术产业部门调整为以下11个类别:医药制造业、航空航天器制造业、通信设备制造业、雷达及广播设备制造业、电子元器件制造业、家用视听设备制造业、其他电子设备制造业、医疗仪器设备及器械制造业、仪器仪表制造业、电子计算机制造业和文化办公用机械制造业(投入产出表项目对应见附录二)。

需要注意的是,在2002年、2007年和2012年投入产出表中,航空航天制造业均包含在其他交通运输设备制造业中,医疗仪器设备及器械制造业包含在其他专用设备制造业中。参考张同斌等(2011)的做法,我们将航空航天器制造业总产值[②]占其他交通运输设备制造业总产值的比例,以及医疗仪器设备及器械制造业总产值占其他专用设备制造业总产值的比例分别作为权重,进而在投入产出表的行向和列向上将航空航天器制造业和医疗仪器设备及器械制造业分别从其他交通运输设备制造业和其他专用设备制造业中分离出来,从而近似地得到航空航天器制造业和医疗仪器设备及器械制造业增加值。

---

① 张同斌、高铁梅(2012)中还包括软件业,本文只考虑高技术产业制造业部分,因此不包括软件业。
② 航空航天器制造业和医疗仪器设备及器械制造业总产值数据来自《中国统计年鉴》。由于2012年开始不再公布总产值数据,而是公布主营业务收入数据,且同时拥有总产值和主营业务收入数据的年份(2009—2011年),两行业总产值与主营业务收入比值均稳定在1左右,因此我们用2011年两行业各自的总产值和主营业务收入比值(0.9890和1.0160)以及主营业务收入数据(2 329.90亿元和1 602.00亿元)来估算总产值,得到航空航天器制造业和医疗仪器设备及器械制造业总产值分别约为2 304.20亿元和1 627.60亿元。

在非投入产出表年份,高技术产业增加值由高技术产业总产值①乘以增加值率得到。② 其中,非投入产出表年份增加值率由前后两个投入产出年份增加值率③线性外推得到。

估算高技术产业不变价增加值时,由于高技术产业中包含的具体行业差异较大,故需采用不同行业对应的工业生产者出厂价格指数进行价格调整。我们首先用《中国高技术产业统计年鉴》公布的各细分行业的总产值④乘以高技术产业增加值率得到各细分行业的增加值估计,再用对应行业的以2000年为基年的工业生产者出厂价格定基指数进行价格调整,最后将各细分行业不变价增加值加总得到高技术产业不变价增加值。《中国高技术产业统计年鉴》中各细分行业总产值的分类为医药制造业、航空航天器制造业、电子及通信设备制造业、电子计算机及办公设备制造业、医疗设备及仪器仪表制造业,故相应的采用以2000年为基年的医药制造业工业生产者出厂价格指数,交通运输设备制造业工业生产者出厂价格指数,通信设备、计算机及其他电子设备制造业工业生产者出厂价格指数⑤,仪器仪表及文化、办公用机械制造业工业生产者出厂价格指数⑥来进行价格调整。

2. 高技术产业增加值占制造业增加值和GDP的份额不断上升

2002年以来,随着高技术产业的不断发展,高技术产业增加值增长迅速,由2002年的3679.59亿元上升到2014年的24245.39亿元。按可比价计算,

---

① 2002—2011年高技术产业总产值数据以及2002—2014年高技术产业主营业务数据均来自《中国高技术产业统计年鉴》。2012年开始年鉴仅公布主营业务收入,故2012年的高技术产业总产值数据来自2012年投入产出表,2013年和2014年总产值数据由当年主营业务收入乘以2002—2012年间高技术产业总产值与主营业务收入比的平均值(1.0027)得到。由于2012年总产值数据来自投入产出表,故这里采用2002—2012年总产值与主营业务收入比的均值。

② 由于投入产出延长表中的行业分类与本文高技术产业分类口径不同,因此在做近似估算时误差较大,故没有采用投入产出延长表的数据来估算相应年份的高技术产业增加值。

③ 2002年、2007年和2012年由投入产出表估算的高技术产业增加值率分别为0.2437、0.1870和0.1890。

④ 2012年、2013年、2014年各细分行业仅有主营业务收入数据,总产值用各细分行业主营业务收入乘以各细分行业2002—2011年总产值与主营业务收入比值的均值进行估算。由于这里的高技术行业分类口径与2012年投入产出表不同,因此2012年各细分行业总产值若用投入产出表估算误差较大,故与2013年、2014年一样采用总产值主营业务收入比值进行估算。

⑤ 对电子及通信设备制造业和电子计算机及办公设备制造业进行价格调整。

⑥ 医疗设备及仪器仪表制造业的增加值中,仪器仪表制造业增加值占比远远高于医疗设备制造业,故采用仪器仪表及文化、办公用机械制造业工业生产者出厂价格指数。

2014年的不变价增加值约为2002年的8.21倍,即年均增长19.18%,比同期GDP年均增长率①9.99%高出9.19个百分点。从2002年到2014年,现价高技术产业增加值占GDP的比重在波动中基本保持稳定(见图3),基本维持在3%至4%的区间范围内。2002年至2014年间,不变价高技术产业增加值占GDP比重的变化呈现出中间平缓、两端上升较快的态势,尤其是2009年以后,不变价高技术产业增加值占比从5.55%上升到8.47%。可见,在经济增速相对较缓的年份,高技术产业对整个经济的重要性更加凸显。并且通过比较现价高技术产业增加值占比和不变价高技术产业增加值占比可以发现,不变价高技术产业增加值占比要明显高于现价高技术产业增加值占比,这主要是因为同期高技术产业的价格指数上涨速度要远低于GDP平减指数的上涨速度②,并且交通运输设备制造业,仪器仪表及文化、办公用机械制造业,以及通信设备、计算机及其他电子设备制造业的生产者价格指数一直都是下降的,尤其是通信设备、计算机及其他电子设备制造业2014年的价格只有2000年的72%,价格下降非常迅速。这也体现了高技术产业技术更新快,从而产品价格下降快的特点,

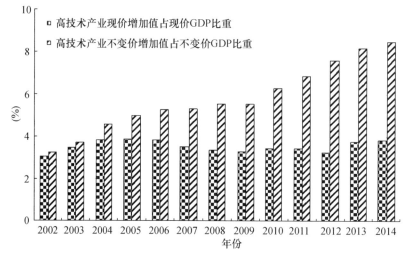

图3 高技术产业增加值占GDP比重
资料来源:《中国统计年鉴》《中国高技术产业年鉴》。

---

① 2002年不变价GDP(以2000年为基年)为117 879.70亿元,2014年不变价GDP(以2000年为基年)为369 393.30亿元。
② 关于GDP平减指数和高技术产业价格指数的比较见附录三。

Jorgenson 等(2005)在研究美国信息和通信技术(ICT)产业时也得出了类似的结论。

高技术产业增加值占制造业增加值的比重情况基本与其占 GDP 的比重情况相一致(见图 4)。按可比价计算,同期制造业增加值的年均增长率为11.81%,比高技术产业增加值低 7.37 个百分点。2002—2012 年,现价高技术产业增加值占制造业增加值的比重在波动中有所上升,到 2014 年达到13.04%。剔除价格因素后,高技术产业增加值在制造业增加值中所占的比重在 2005—2009 年基本稳定在 15% 左右,2002—2005 年以及 2010—2014 年均快速上升,到 2014 年达到 21.02%,比 2002 年增加 11.24 个百分点。可以发现,近几年制造业发展遭遇瓶颈时期,高技术产业在制造业中起到越来越重要的作用。(现价和不变价高技术产业增加值、制造业增加值[①]、GDP[②] 和各占比情况见附录四和附录五。)

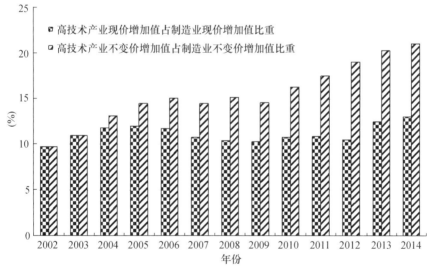

图 4 高技术产业增加值占制造业增加值比重
资料来源:《中国统计年鉴》《中国高技术产业年鉴》。

---

① 制造业现价增加值数据来自《中国统计年鉴》,2003 年及以前没有公布制造业增加值,故 2002 年与 2003 年制造业增加值由当年工业增加值(47 310.70 亿元、54 805.80 亿元)和就近年份(2004 年)的制造业增加值占工业增加值的比重(0.7956)推算,2014 年制造业增加值则由 2014 年工业增加值(228 122.9 亿元)和 2013 年比重(0.8147)推算。制造业不变价增加值由当年现价增加值通过以 2000 年为基年的工业生产者出厂价格指数(数据来自《中国统计年鉴》)调整得到。

② 现价 GDP 数据来自《中国统计年鉴》,我们通过基年变化年份的两个 GDP 数据之间的关系,将国家统计局公布的以 2010 年、2005 年为基年的不变价 GDP 数据调整为以 2000 年为基年的数据。

3. 高技术产业对经济增长的贡献率呈上升趋势

我们利用扣除价格因素后的高技术产业增加值、制造业增加值和 GDP 数据,计算出高技术产业对制造业增长和经济增长的贡献率。高技术产业增加值对制造业增长的贡献率＝Δ高技术产业不变价增加值/Δ制造业不变价增加值×100%。高技术产业增加值对经济增长的贡献率＝Δ高技术产业不变价增加值/Δ不变价 GDP×100%。计算结果显示,总体上看,高技术产业对制造业增长和经济增长的贡献率呈上升趋势。在经济增速较快时期,高技术产业对制造业和整个经济的贡献率相对偏低,但在经济增速放缓时期,高技术产业的贡献率上升迅速。其中 2006—2009 年,高技术产业对制造业和整个经济增长的平均贡献率分别为 15.56% 和 6.66%。而在 2010—2014 年,高技术产业对制造业增长的平均贡献率达到 31.87%;高技术产业对经济增长的平均贡献率达到 14.30%(见图 5)。这两个数据都是 2006—2009 年间数据的两倍。可见,近几年随着高技术产业的快速发展,高技术产业已经成为拉动制造业增长的重要引擎,并且在拉动经济增长中扮演越来越重要的作用。

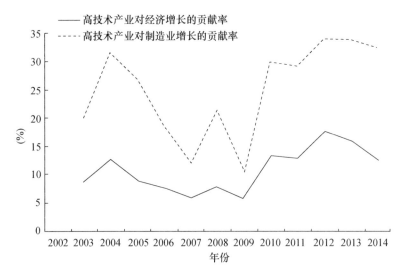

图 5　高技术产业对制造业增长和经济增长的贡献率
资料来源:《中国统计年鉴》《中国高技术产业年鉴》。

(二) 高技术产业对其他行业的拉动情况

按上文提到的方法,我们整理了 2012 年 139 个部门的投入产出表,将其中的高技术行业合并为高技术产业,并对剔除了高技术产业的其他行业进行整理与合并。利用调整后的 2012 年投入产出表,我们构建以下模型来测算高技术产业的最终需求所诱发的其他行业的生产额:$\Delta X=[I-(I-\hat{M})A]^{-1}(I-\hat{M})\Delta F$,其中 ΔX 为各部门总产出变化的列向量,I 为单位矩阵,A 为直接消耗系数矩阵,$\hat{M}$ 为各部门进口额占国内需求①的比例系数向量$(M_1,M_2,\cdots,M_n)^T$对角化后形成的矩阵,ΔF 为最终需求(消费、投资和出口)变化的列向量②。用总产出变化的列向量乘以各部门对应的增加值率③就可以得到高技术产业对各部门增加值的影响。

从单位最终需求所拉动的各行业产出量④的角度看,高技术产业 1 单位最终需求拉动各行业的总产值为 1.76 单位,尽管相对传统制造业单位最终需求拉动产出量 2.69 要低,但是通过计算产业拉动的各行业产出量与产业拉动的本行业产出量的比例,发现高技术产业的该比例为 1.89,而传统制造业的这一比例只有 1.37,说明高技术产业对其他产业的拉动效果很明显。分行业来看,高技术产业对传统制造业的拉动作用非常突出,单位最终需求拉动产出量为 0.45,而传统制造业对高技术产业的拉动作用则比较有限。高技术产业与传统制造业类似,对第一产业、批发零售业、金融业、交通运输仓储和邮政业具有较强的拉动作用,但是传统制造业对基础性行业如采矿业的拉动要明显高于高技术产业。高技术产业对租赁和商务服务业、科学研究和技术服务业的拉动效果并不明显。

从拉动增加值的角度来看,2012 年高技术产业最终需求拉动各行业增加

---

① 国内需求=中间使用+最终使用-出口额。
② 本文并未区分国内最终需求与出口,2012 年投入产出表中计算出口所拉动的各部门产出的公式假定出口完全由国内生产,本文假定出口和国内最终需求的国内生产与进口比例一样,由于中国的出口贸易中很多是来料加工贸易,国内增加值率并不高,从而本文的假定更符合实际,故本文的结果是拉动效应的下限。本文也利用 2012 年投入产出表中的公式计算了出口拉动效应,有需要的读者可以找作者索要,邮箱为 yeyindan@163.com。
③ 来自 2012 年投入产出表。
④ 指 1 单位高技术产业最终需求所拉动的其他行业的产出量。

值合计为24 791.59亿元,占当年现价GDP的4.59%;传统制造业最终需求拉动各行业增加值合计为162 459.88亿元,占当年现价GDP的30.07%(见表4)。由于高技术产业本身的体量无法和传统制造业相比,所以在分行业的增加值拉动上,高技术产业的拉动占比都明显低于传统制造业。但是中国2014年的高技术产业现价增加值占GDP的比重只有3.81%,而美国2009年这一比例已经达到8.57%,日本则为13.86%[①],这一方面说明中国高技术产业的发展潜力巨大,同时也意味着在传统制造业下行发展的趋势下,随着高技术产业的快速发展,通过对其他产业较强的拉动作用,高技术产业对经济增长的贡献将会越来越关键。

表4 2012年高技术产业和传统制造业拉动国民经济主要行业产出量和增加值情况

行业分类	高技术产业			传统制造业		
	单位最终需求拉动产出量	2012年拉动增加值(亿元)	增加值占比(%)	单位最终需求拉动产出量	2012年拉动增加值(亿元)	增加值占比(%)
农、林、牧、渔业	0.06	1 977.68	3.78	0.14	17 253.14	32.95
采矿业	0.03	893.33	3.40	0.13	14 222.26	54.17
高技术产业	0.93	9 484.15	54.40	0.03	1 318.10	7.56
传统制造业	0.45	5 002.98	3.35	1.97	88 122.92	58.93
电力、热力、燃气及水生产和供应	0.04	570.56	4.07	0.10	5 568.99	39.74
建筑业	0.00	56.46	0.15	0.01	317.97	0.87
批发和零售业	0.06	2 215.05	4.44	0.07	11 148.34	22.37
交通运输、仓储和邮政业	0.04	867.26	3.78	0.07	5 967.36	26.02
住宿和餐饮业	0.01	245.85	2.58	0.01	1 196.25	12.54
信息传输、软件和信息技术服务业	0.01	212.54	1.80	0.01	758.49	6.43
金融业	0.05	1 554.66	4.41	0.07	8 588.82	24.41
房地产业	0.01	327.52	1.05	0.01	1 688.09	5.40
租赁和商务服务业	0.03	600.12	5.35	0.04	2 675.12	23.85

---

① 数据来源于OECD经济调查(2013)。

（续表）

行业分类	高技术产业			传统制造业		
	单位最终需求拉动产出量	2012年拉动增加值（亿元）	增加值占比（%）	单位最终需求拉动产出量	2012年拉动增加值（亿元）	增加值占比（%）
科学研究和技术服务业	0.02	440.09	4.80	0.02	1 593.31	17.36
水利、环境和公共设施管理业	0.00	25.89	1.01	0.00	233.56	9.14
居民服务、修理和其他服务业	0.01	178.68	2.20	0.01	1 095.73	13.43
教育	0.00	28.76	0.18	0.00	159.22	0.99
卫生和社会工作	0.00	6.43	0.08	0.00	46.59	0.52
文化、体育和娱乐业	0.00	59.09	1.67	0.00	319.99	9.07
公共管理、社会保障和社会组织	0.00	44.50	0.22	0.00	185.63	0.93
合计	1.76	24 791.59	4.59	2.69	162 459.88	30.07

资料来源：《2012年投入产出表》《2014中国统计年鉴》。

三、高技术产业对促进就业的作用

（一）非竞争型投入产出表的编制

为了衡量高技术产业对就业的促进作用，本文参考"中国2007年投入产出表分析应用"课题组（2011）的方法，构建了非竞争型投入产出表来进行定量分析。我们以2012年竞争型投入产出表为依据，采用比例法将其中的中间使用和最终使用部分消耗的进口品分离出来。非竞争型表中的国内中间投入X_{ij}^D、进口中间投入X_{ij}^M、国内产品的最终使用Y_i^D和进口产品的最终使用Y_i^M[①]的计算公式为$X_{ij}^D=X_{ij}-X_{ij}^M$，$X_{ij}^M=X_{ij}\alpha_i$，$Y_i^D=Y_i-Y_i^M$，$Y_i^M=Y_i\alpha_i$，其中α_i是进口额占国内需求的比例，即$\alpha_i=\dfrac{M_i}{X_i-E_i+M_i}$（$i=1,2,\cdots,n$）。根据以上公式，我们得

---

① 最终国内使用（除出口列向量外）被分解为国内产品的最终使用和进口产品的最终使用两部分。

到 2012 年非竞争型投入产出表(见表 5)。

易知,非竞争型投入产出表的行向平衡模型为:

$$X^D + Y^D + E = X$$
$$X^M + Y^M = M$$

令 $A^D = X^D X^{-1}, A^M = X^M A^{-1}$,则可将以上模型写成如下形式,易知 A^D、A^M 分别为国内品的直接消耗系数矩阵和进口品的直接消耗系数矩阵。

$$A^D X + Y^D + E = X$$
$$A^M X + Y^M = M$$

表 5 非竞争型投入产出表

			中间使用	最终使用			总产出
			$1,2,\cdots,n$	最终消费支出	资本形成总额	出口	
中间投入	国内产品	1 2 ⋮ n	X_{ij}^D	Y_i^D		E_i	X_i
	进口产品	1 2 ⋮ n	X_{ij}^M	Y_i^M		0	M_i
初始投入	增加值		V_j				
总投入			X_j				
占用劳动力			L_j				

(二)直接非农就业系数与完全非农就业系数的计算

在上文编制的非竞争型投入产出表基础上,我们还增加了各行业就业人数部分 L_i(见表 5),用来研究各行业的就业吸纳和拉动情况。由于没有与投入产出表口径一致的就业人数数据,各部门就业人数估计的基本思路为:首先用投入产出表中的劳动者报酬 C_i,结合各行业平均工资数 W_i,根据 $L_i = C_i / W_i$,估算各部门的就业人数,再经过一定的调整得到各部门的就业人数。

在城镇单位和农村单位各行业平均工资差异不大这一假设下,我们选取 2013 年《中国劳动统计年鉴》中细分行业的就业人员平均工资和年末就业人数来估计各行业的平均工资。为研究高技术产业的就业吸纳和拉动能力,我们将制造业拆分为高技术产业和传统制造业,除这两个行业外,其他18个门类行业的平均工资可直接从年鉴中获得。高技术行业的平均工资等于属于高技术行业的各细分行业平均工资的加权平均数,传统制造业的平均工资等于除高技术行业外的所有制造业细分行业平均工资的加权平均数(权数均为各细分行业的年末就业人数)。需要注意的是,年鉴中的行业分类与高技术产业略有出入。[①] 以文化办公用机械制造业为例,我们假设文化办公用机械制造业平均工资与通用设备制造业中其他行业的平均工资相等,即可用通用设备制造业的平均工资作为文化办公用机械制造业平均工资的估计值。在就业人数估算时,假设年末就业人数与国内总产值[②]成正比,根据2012年投入产出表中两者国内总产值的比值,结合年鉴中通用设备制造业年末就业人数,即可估算出文化办公用机械制造业的年末就业人数。其他两个行业的处理与文化办公用机械制造业相同。[③]

考虑到实际中城镇单位和农村单位的工资水平存在较大差异,我们用2012年一、二、三产业就业人数[④]作为总数进行控制,在每个产业内部,则以上文得出的就业人数 L_i 为比例权数,将一、二、三产业就业人数在各自所包含的行业中进行分配,从而得到调整后的各行业就业人数。

在此基础上,我们定义直接就业系数向量 $A_L=[a_{lj}]=[L_j/X_j]$,其中元素 a_{lj} 表示第 j 个部门生产单位产值所吸纳的劳动力人数。考虑到农业是我国农村剩余劳动力的"蓄水池",其就业人数的变化受产出[⑤]的影响非常小,因此将直接就业系数向量中的农业部门设为0,从而得到直接非农就业系数 A_L^n。依据投入产出的思想,易知完全非农就业系数的计算公式为 $B_L^n=A_L^n(I-A^D)^{-1}$,其中元素 b_{lj}^n 表示第 j 个部门生产单位产值直接吸纳和通过消耗其他部门产品而间接吸纳的劳动力总和。此外,将向量 A_L^n 中的元素分别与矩阵 $(I-A^D)^{-1}$ 中第 j

---

① 文化办公用机械制造业包含在通用设备制造业中,医疗仪器设备及器械制造业包含在专用设备制造业中,航空航天器制造业包含在铁路、船舶、航空航天和其他运输设备制造业中。
② 用投入产出表中的总产出减去进口得到。
③ 在投入产出表中将医疗仪器设备及器械制造业和航空航天器制造业分别从其他专用设备制造业和其他交通运输设备制造业中分离出来的处理方法在上文增加值计算部分已经交代过。
④ 数据来自2013年《中国统计年鉴》。
⑤ 农业产出受气候、环境等诸多复杂因素的影响。

列相应位置的元素相乘,我们可以得到第 j 个部门生产单位产值对各行业非农就业的完全拉动情况。

(三) 高技术产业的就业拉动能力

行业的就业拉动能力主要由行业自身的生产特点所决定,无论是从直接非农就业系数还是完全非农就业系数来看,总体上,各行业的就业拉动能力都相差较大(见图6),教育、公共管理、居民服务等行业每一亿元产值能拉动各行业就业超过1 500人;而房地产业、电力热力燃气及水生产和供应业等每一亿元产值仅能拉动500人左右就业。较之于制造业,服务业的就业拉动作用相对较强。在制造业中,高技术产业与传统制造业的就业拉动能力基本相当,每一亿元产值均能拉动600人左右就业。这表明在经济转型升级的过程中,大力发展高技术产业可以缓解传统制造业去产能带来的就业压力。

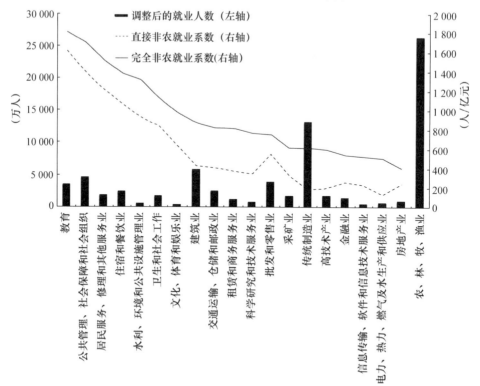

图6 各行业就业人数、直接非农就业系数和完全非农就业系数
资料来源:2012年投入产出表,2013年《中国劳动统计年鉴》。

具体看高技术产业和传统制造业对各个行业就业的拉动情况,通过计算产业拉动的各行业就业量与产业拉动的本行业就业量的比例,发现高技术产业的该比例为2.17,而传统制造业的这一比例只有1.59,说明高技术产业对其他产业就业的拉动效果很明显。除增加自身就业外,高技术产业对传统制造业的就业拉动效果也相对明显,但传统制造业对高技术产业的就业拉动十分有限(见表6)。同属制造业的这两个行业对国民经济其他行业的就业拉动效果较为相似,主要拉动批发和零售业,交通运输、仓储和邮政业,金融业,租赁和商务服务业,科学研究和技术服务业等行业的就业。但是这两个行业也存在不同之处,传统制造业对采矿业、电力热力燃气及水生产和供应业等基础行业也产生较强的就业拉动作用,高技术产业则没有。

表6 高技术产业和传统制造业拉动各行业就业情况　　（单位:人/亿元）

行业分类	高技术产业完全非农就业系数	传统制造业完全非农就业系数
农、林、牧、渔业	0	0
采矿业	17	48
高技术产业	275	7
传统制造业	124	386
电力、热力、燃气及水生产和供应业	8	14
建筑业	3	3
批发和零售业	49	43
交通运输、仓储和邮政业	27	33
住宿和餐饮业	18	16
信息传输、软件和信息技术服务业	3	2
金融业	19	18
房地产业	3	3
租赁和商务服务业	19	15
科学研究和技术服务业	12	8
水利、环境和公共设施管理业	2	3
居民服务、修理和其他服务业	12	13
教育	2	2
卫生和社会工作	0	0
文化、体育和娱乐业	2	2
公共管理、社会保障和社会组织	3	2
合计	596	615

四、结　　论

本文系统考察了 20 世纪 90 年代中期以来我国高技术产业发展对国民经济的影响，分别从投资和生产两个角度考察了高技术产业对经济增长的作用，并且测算了高技术产业对国民经济各行业的就业促进情况。

1996—2014 年，高技术产业固定资产投资快速增长，年均增长率达到 25.17%，在全社会固定资产投资的占比中，也呈现出不断上升的态势。尤其在 2009 年之后，高技术产业的投资增长率明显高于全社会固定资产投资增长率，对后危机时代抑制投资过快下滑起到了缓冲作用。1997—2014 年，高技术产业投资对 GDP 增长的贡献率整体呈上升趋势，平均为 1.40%。但是就贡献率来说算比较低的，2014 年资本形成总额对 GDP 增长的贡献率为 46.9%，这也反映了高技术产业不同于传统制造业的特征，是以高技术含量提升效率而非粗放地依靠投资来拉动经济。

从 2002—2012 年三次投入产出表的数据得出，高技术产业的现价增加值占 GDP 的比重比较平稳，保持在 3%—4%；但是高技术产业的不变价增加值占不变价 GDP 的比重则表现出快速上升的趋势，尤其在 2009 年之后经济进入下行阶段，2014 年高技术产业的不变价增加值占不变价 GDP 和不变价制造业增加值的比重分别为 8.47% 和 21.02%。这一方面体现了高技术产业的增长率远高于传统制造业，平均要高出 7.37 个百分点；另一方面体现了高技术产业由于技术进步率较高，导致了价格下降较快。伴随着高技术产业在国民经济中所占比重的提高，其对经济增长的贡献率表现更为突出，2010—2014 年，高技术产业对经济增长和制造业增长的平均贡献率分别达到 14.30% 和 31.87%，高技术产业已经成为拉动制造业增长的重要引擎。运用调整后的 2012 年投入产出表，我们发现高技术产业对国民经济的拉动作用体现得比较明显，高技术产业 1 单位最终需求拉动各行业的总产值为 1.76 单位，是拉动高技术产业本身总产值的 1.89 倍，尤其对传统制造业的拉动作用非常突出，单位最终需求拉动产出量为 0.45 单位。2012 年，高技术产业最终需求拉动各行业增加值占 GDP 的比重为 4.59%，由于高技术产业本身的体量还具有较大的发展潜力，未来该行业对国民经济增长的拉动作用将会变得越来越重要。

利用2012年竞争型投入产出表构建了非竞争型投入产出表,并且将各行业就业人数引入投入产出表,从而得以计算各行业的直接非农就业系数与完全非农就业系数。从完全非农就业系数来看,高技术产业与传统制造业的就业拉动能力基本相当,每一亿元产值均能拉动600人左右就业,低于一般服务业的就业拉动能力。通过计算产业拉动的各行业就业量与产业拉动的本行业就业量的比例,发现高技术产业的该比例为2.17,而传统制造业的这一比例只有1.59,除增加自身就业外,高技术产业对传统制造业的就业拉动效果也相对明显。这意味着在经济转型升级的过程中,大力发展高技术产业可以缓解传统制造业去产能带来的就业压力。

伴随着经济的发展,高技术产业的增长对国民经济增长的贡献越来越强,并且高技术产业对传统制造业的生产和就业的拉动作用表现得比较突出,该行业是技术密集型行业,并不需要粗放地靠投资拉动,促进高技术产业的快速发展,对于应对经济下行和转变发展方式都具有重要意义。但是,目前我国高技术产业的比重仍然比较低,并且配套的高技术服务业的发展相对滞后,如何通过进一步地改革开放以及设计相应的产业政策,引导资源合理流向高技术产业,也是一个值得关注的问题。

参 考 文 献

[1] Jorgenson, Dale W., M.S. Ho, K.J. Stiroh: *Information Technology and the American Growth Resurgence*, *Productivity*, Volume 3. Cambridge: MIT Press, 2005.

[2] 蔡锋伟:《高技术产业与经济增长相互关系的实证分析:1995—2004》,中共江苏省委党校,2008年。

[3] 陈铁山、陈思、邵宏:《吉林省高技术产业与经济增长关联性的实证分析》,《东北师大学报(哲学社会科学版)》,2012年第3期。

[4] 陈新国、肖新新、芮雪琴等:《我国高技术产业与经济增长的协整研究》,《技术经济》,2011年第12期。

[5] 李洪伟、任娜、陶敏等:《高技术产业与经济增长关系的实证研究》,《技术经济与管理研究》,2013年第11期。

[6]许宪春、贾海、李皎等:《房地产经济对中国国民经济增长的作用研究》,《中国社会科学》,2015年第1期。

[7]许宪春:《准确理解中国的收入、消费和投资》,《中国社会科学》,2013年第2期。

[8]姚世斌、孟凡莲、章道云等:《高技术产业与经济增长的互动关系研究——以四川省为例》,《管理世界》,2015年第2期。

[9]张华平:《高技术产业与经济增长关系的实证分析》,《统计与决策》,2013年第10期。

[10]张同斌、高铁梅:《财税政策激励、高新技术产业发展与产业结构调整》,《经济研究》,2012年第5期。

[11]张同斌、刘敏、高铁梅:《中国高新技术产业投入产出表和社会核算矩阵编制的方法与应用》,《数学的实践与认识》,2011年第10期。

[12]赵玉林、魏芳:《高技术产业发展对经济增长带动作用的实证分析》,《数量经济技术经济研究》,2006年第6期。

[13]"中国2007年投入产出表分析应用"课题组:《国际金融危机就业效应的投入产出分析》,《统计研究》,2011年第4期。

附录一 全社会固定资产投资增长率与高技术产业投资增长率

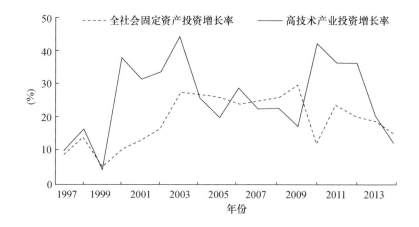

附录二　高技术产业类别在投入产出表中的对照

高技术产业类别	2002年投入产出表中的项目	2007年投入产出表中的项目	2012年投入产出表中的项目
医药制造业	医药制造业	医药制造业	医药制造业
航空航天器制造业	其他交通运输设备制造业（需处理）	其他交通运输设备制造业（需处理）	其他交通运输设备制造业（需处理）
通信设备制造业	通信设备制造业	通信设备制造业	通信设备制造业
雷达及广播设备制造业	其他通信、电子设备制造业	雷达及广播设备制造业	广播电视设备和雷达及配套设备制造业
电子元器件制造业	电子元器件制造业	电子元器件制造业	电子元器件制造业
家用视听设备制造业	家用视听设备制造业	家用视听设备制造业	视听设备制造业
其他电子设备制造业	其他通信、电子设备制造业	其他电子设备制造业	其他电子设备制造业
医疗仪器设备及器械制造业	其他专用设备制造业（需处理）	其他专用设备制造业（需处理）	其他专用设备制造业（需处理）
仪器仪表制造业	仪器仪表制造业	仪器仪表制造业	仪器仪表制造业
电子计算机制造业	电子计算机整机制造业、其他电子计算机设备制造业	电子计算机制造业	计算机制造业
办公设备制造业	文化、办公用机械制造业	文化、办公用机械制造业	文化、办公用机械制造业

资料来源：2002年、2007年、2012年投入产出表基本流量表，国民经济行业分类（GB/T 4754-2011，GB/T 4754-2002），《高技术产业（制造业）分类》。

附录三 GDP 平减指数与高技术产业各大类价格指数

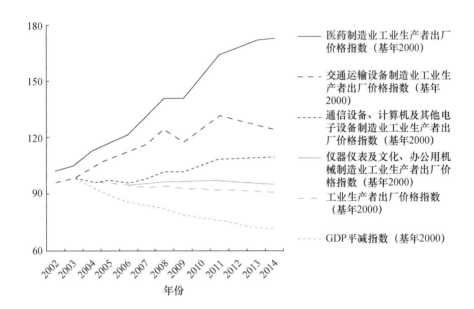

附录四 现价高技术产业增加值占比情况

年份	高技术产业现价增加值（亿元）	制造业现价增加值（亿元）	现价 GDP（亿元）	高技术产业现价增加值占制造业现价增加值之比（%）	高技术产业现价增加值占现价 GDP 之比（%）
2002	3 679.59	37 639.91	121 002.00	9.78	3.04
2003	4 776.32	43 602.94	136 564.60	10.95	3.50
2004	6 137.22	51 748.50	160 714.40	11.86	3.82
2005	7 205.78	60 117.99	185 895.80	11.99	3.88
2006	8 329.00	71 212.89	217 656.60	11.70	3.83
2007	9 435.54	87 464.75	268 019.40	10.79	3.52
2008	10 697.91	102 539.49	316 751.70	10.43	3.38
2009	11 349.12	110 118.50	345 629.20	10.31	3.28
2010	14 061.25	130 282.50	408 903.00	10.79	3.44
2011	16 680.67	153 062.70	484 123.50	10.90	3.45

（续表）

年份	高技术产业现价增加值（亿元）	制造业现价增加值（亿元）	现价GDP（亿元）	高技术产业现价增加值占制造业现价增加值之比（%）	高技术产业现价增加值占现价GDP之比（%）
2012	17 431.84	165 652.80	534 123.00	10.52	3.26
2013	22 043.16	177 012.80	588 018.80	12.45	3.75
2014	24 245.39	185 860.02	636 138.70	13.04	3.81

资料来源：《中国统计年鉴》《中国高技术产业年鉴》。

附录五 不变价高技术产业增加值占比情况

年份	高技术产业不变价增加值（亿元）	制造业不变价增加值（亿元）	不变价GDP（亿元）	高技术产业不变价增加值占制造业不变价增加值之比（%）	高技术产业不变价增加值占不变价GDP之比（%）
2002	3 811.99	38 993.53	117 879.70	9.78	3.23
2003	4 836.84	44 155.43	129 693.70	10.95	3.73
2004	6 499.62	49 391.34	142 763.20	13.16	4.55
2005	7 923.12	54 699.32	158 963.90	14.48	4.98
2006	9 442.51	62 906.99	179 129.94	15.01	5.27
2007	10 887.26	74 940.17	204 565.42	14.53	5.32
2008	12 436.17	82 185.47	224 246.61	15.13	5.55
2009	13 584.65	93 298.15	244 958.22	14.56	5.55
2010	16 995.43	104 627.63	270 995.45	16.24	6.27
2011	20 291.66	115 964.16	296 705.30	17.50	6.84
2012	24 280.63	127 673.19	319 692.69	19.02	7.59
2013	28 134.50	139 071.00	344 262.17	20.23	8.17
2014	31 292.21	148 850.01	369 393.30	21.02	8.47

资料来源：《中国统计年鉴》《中国高技术产业年鉴》。

4. 中国的投资增长及其与财政政策的关系*

许宪春　王宝滨　徐雄飞**

【摘要】　本文阐述了中国政府统计中反映固定资产投资发展变化情况的两个指标——全社会固定资产投资和固定资本形成总额及两者之间的关系；分析了改革开放以来固定资产投资的增长表现及其对经济增长贡献率的变化；阐述了财政政策对固定资产投资增长的影响方式，并通过翔实的统计数据具体分析了改革开放以来两次紧缩性财政政策、两次扩张性财政政策和一次中性财政政策对中国固定资产投资增长的影响结果。实践表明，财政政策对中国固定资产投资的影响比较直接，效果比较明显，但有时政策力度过大，今后应注意财政政策与其他经济政策的配合使用，把握好财政政策的力度和时机，切实发挥好财政政策稳定固定资产投资增长的作用。

一、两个固定资产投资统计指标及其比较

在中国政府统计中，反映固定资产投资发展变化情况的统计指标有两个，一个是投资统计中的全社会固定资产投资，一个是支出法GDP中的固定资本形成总额。这两个统计指标在定义、口径范围、资料来源、计算方法、数据表现

---

* 本文发表于《管理世界》2013年第6期。
** 许宪春，国家统计局高级统计师；王宝滨，国家统计局固定资产投资统计司高级统计师；徐雄飞，国家统计局国民经济核算司高级统计师。

等方面都存在差异,基本用途也是不一样的,在使用时需要加以区分。

(一) 投资统计中的全社会固定资产投资

投资统计中的全社会固定资产投资主要是从建设项目管理需求角度设置的统计指标,它是以货币形式表现的在一定时期内全社会建造和购买的固定资产的工作量和与此有关的费用的总称(国家统计局,2010)。全社会固定资产投资包括 500 万元及以上建设项目投资[①]、房地产开发投资和农村住户固定资产投资三部分。500 万元及以上建设项目的固定资产投资采取全面调查的方式,即对 500 万元及以上的所有建设项目逐一进行调查。房地产开发投资也采取全面调查的方式,即对所有从事房地产开发和经营活动的企业和单位所完成的房地产开发投资都进行调查。农村住户的固定资产投资采取抽样调查的方式,即对抽中的农户固定资产投资进行调查。

全社会固定资产投资分为建筑工程、安装工程、设备工器具购置和其他费用。建筑工程指的是各种房屋、其他建筑物的建造工程;安装工程指的是各种设备、装置的安装工程,其中不包括被安装设备本身的价值;设备工器具购置指的是购买或自制的达到固定资产标准的设备、工具、器具的价值,其中包括购置的旧设备价值;其他费用指的是固定资产建造和购买过程中发生的除上述构成部分以外的应分摊计入全社会固定资产投资的费用,其中包括土地购置费和旧建筑物购置费(国家统计局,2012)。

(二) 支出法 GDP 中的固定资本形成总额

支出法 GDP 中的固定资本形成总额指的是常住单位在一定时期内获得的固定资产减去处置的固定资产的价值总额。固定资产是生产活动生产出来的资产,不包括土地等自然资源。固定资本形成总额包括有形固定资本形成总额和无形固定资本形成总额。有形固定资本形成总额指一定时期内建造的住宅和非住宅建筑物价值,机器设备的购置减处置价值,土地改良价值,新增役、种、奶、毛、娱乐用牲畜价值和新增经济林木价值;无形固定资本形成总额包括矿藏

[①] 2011 年以前,固定资产投资统计的建设项目起点标准是 50 万元,随着建设项目规模的不断扩大,为了减轻基层统计部门的工作负担和提高数据质量,从 2011 年起建设项目起点标准确定为 500 万元。

勘探、计算机软件获得减处置价值(国家统计局,2003;国家统计局国民经济核算司,2011)。

国际上通用的全面反映最终需求的指标是支出法 GDP:

$$\begin{aligned} 支出法\ GDP &= 最终消费 + 资本形成总额 + 货物和服务净出口 \\ &= (居民消费 + 政府消费) + (固定资本形成总额 + 存货增加) \\ &\quad + (货物和服务出口 - 货物和服务进口) \end{aligned} \qquad (1)$$

因此,反映消费需求的指标就是支出法 GDP 中的最终消费,包括居民消费和政府消费;反映投资需求的指标就是支出法 GDP 中的资本形成总额,包括固定资本形成总额和存货增加;反映净出口需求的指标就是支出法 GDP 中的货物和服务净出口,等于货物和服务出口减去货物和服务进口。因而,反映固定资本投资需求的指标就是支出法 GDP 中的固定资本形成总额。

(三) 固定资本形成总额与全社会固定资产投资的主要区别

固定资本形成总额与全社会固定资产投资在口径范围、资料来源、计算方法、基本用途和数据表现上都存在区别。口径范围上的区别主要包括以下几个方面:一是全社会固定资产投资包括土地购置费、旧建筑物和旧设备购置费,而固定资本形成总额不包括这些费用;二是全社会固定资产投资不包括 500 万元以下建设项目的固定资产投资,而固定资本形成总额包括这部分投资;三是全社会固定资产投资不包括商品房销售增值,即商品房销售价值与商品房投资成本之间的差额,而固定资本形成总额包括这部分价值;四是全社会固定资产投资不包括矿藏勘探、计算机软件等无形固定资产支出,而固定资本形成总额包括这方面的支出。

固定资本形成总额与全社会固定资产投资在资料来源和计算方法上的区别主要表现在:全社会固定资产投资是直接利用 500 万元及以上建设项目的固定资产投资和房地产开发投资的全面调查资料以及农村住户固定资产投资的抽样调查资料计算出来的,而固定资本形成总额是对全社会固定资产投资进行调整计算出来的,包括口径范围方面的调整和数据高估方面的调整。口径范围方面的调整主要是针对上述口径范围的区别进行的调整,数据高估方面的调整主要是针对某些地方因制定不切实际的计划目标并进行政绩考核,从而导致全社会固定资产投资数据存在一定程度的高估而采取的数据调整措施。①

固定资本形成总额与全社会固定资产投资在基本用途上的区别主要表现为：全社会固定资产投资的基本用途一是服务于建设项目管理的需要，二是反映全社会固定资产投资规模及其详细结构，三是为固定资本形成总额核算提供基础资料；固定资本形成总额的基本用途一是反映最终需求中的固定资本投资需求总量，二是用于计算最终需求结构中的固定资本投资需求比重，三是用于计算固定资本投资需求对经济增长的贡献率。

固定资本形成总额与全社会固定资产投资在口径范围、资料来源和计算方法等方面的不同，必然导致两者数据表现上的不同。从表 1 可以看出，2009—2011 年，固定资本形成总额不到全社会固定资产投资的 70%。

表 1　固定资本形成总额与全社会固定资产投资总量比较

年份	固定资本形成总额（亿元）(1)	全社会固定资产投资（亿元）(2)	固定资本形成总额与全社会固定资产投资比较(%) (1)/(2)
2009	156 680	224 599	69.8
2010	183 615	278 122	66.0
2011	213 043	311 485	68.4

资料来源：固定资本形成总额数据取自《中国统计年鉴 2012》第 62 页；全社会固定资产投资数据取自《中国统计年鉴 2012》第 158 页。

图 1 展示了 1981—2011 年固定资本形成总额与全社会固定资产投资总量数据。从图中可以看出，2003 年以前，两者之间的差距是不大的，2003 年以后，两者间的差距不断拉大。事实上，1981—2002 年的 22 年中，除了 1988 年外，其余 21 个年度固定资本形成总额均大于全社会固定资产投资；从 2003 年起，固定资本形成总额均小于全社会固定资产投资，且差距不断拉大。2003 年，固定资本形成总额相当于全社会固定资产投资的 96.3%，到了 2011 年，只相当于 68.4%。

图 2 展示了 1981—2011 年固定资本形成总额和全社会固定资产投资名义

---

① 口径范围方面的调整和数据高估方面的调整的具体调整原因和方法请参见许宪春：《准确理解中国的收入、消费和投资》，《中国社会科学》，2013 年第 2 期，第 4—21 页。

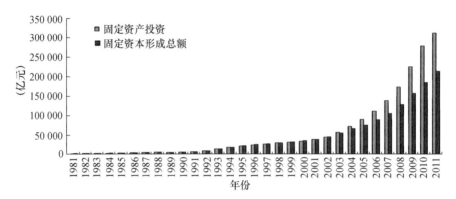

图 1　1981—2011 年固定资本形成总额与全社会固定资产投资总量比较

增速。从图中可以看出,大部分年度固定资本形成总额名义增速低于全社会固定资产投资增速。事实上,31 个年度中有 24 个年度固定资本形成总额名义增速低于全社会固定资产投资名义增速,尤其是 2001 年以后,固定资本形成总额名义增速均低于全社会固定资产投资名义增速,2003—2007 年低 5 个百分点以上,2009—2011 年低 6 个百分点以上。两者之间的差距呈拉大的趋势。

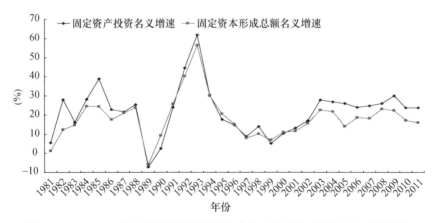

图 2　1981—2011 年固定资本形成总额与全社会固定资产投资名义增速比较

图 3 展示了 1981—2011 年固定资本形成总额和全社会固定资产投资实际增速。从图中可以看出,大部分年度固定资本形成总额实际增速低于全社会固定资产投资实际增速。事实上,31 个年度中有 23 个年度固定资本形成总额实际增速低于全社会固定资产投资实际增速,尤其是 2001 年以后,固定资本形成总额实际增速均低于全社会固定资产投资实际增速,2003—2008 年低 5 个百分

点以上,2009—2011年低7个百分点以上。两者之间的差距总体上呈明显拉大的趋势。

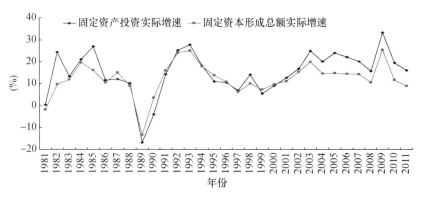

图3　1981—2011年固定资本形成总额与全社会固定资产投资实际增速比较

从上面的讨论中可知,固定资本形成总额是支出法GDP的构成部分,而全社会固定资产投资不是GDP的构成部分。同时,从图1可以看出,2003年以后,固定资本形成总额与全社会固定资产投资总量之间的差距逐步明显拉大。因此,在分析最终需求结构中的固定资本投资需求占比和固定资本投资需求对经济增长的贡献率时,不能用全社会固定资产投资代替固定资本形成总额。从图2和图3可以看出,2001年以后,尽管固定资本形成总额名义增速与全社会固定资产投资名义增速之间的差距总体上是拉大的,但两者的变化趋势大体上是相同的;尽管固定资本形成总额实际增速与全社会固定资产投资实际增速之间的差距总体上拉大得更明显些,但两者的变化趋势大体上也是相同的。所以在作固定资本投资需求增速变化分析时,可以用全社会固定资产投资增速近似替代固定资本形成总额增速。因此,本文下面在作固定资本投资需求增速分析时,主要采用全社会固定资产投资增速指标,而在作固定资本投资需求占比分析和贡献率分析时则利用固定资本形成总额指标。

二、改革开放以来中国的投资增长表现

(一) 全社会固定资产投资增长表现

改革开放以来,我国全社会固定资产投资总体上保持了快速增长的态势,

1981—2011年年均名义增长21.1①,由1980年的911亿元增长到2011年的311 485亿元,增长了341倍。经过大规模的投资建设,我国的基础设施整体水平大幅度提高,经济竞争力显著增强,城乡居民住房条件明显改善。全社会固定资产投资的长期快速增长为国民经济发展和人民生活改善做出了巨大贡献。

纵观改革开放三十多年的发展历程,如果把增速以低—高—低所经历的一个增长循环作为一轮周期,那么1981—2011年的全社会固定资产投资名义增长比较明显地表现为三轮周期,分别为1981—1989年、1990—1999年、2000—2011年(见图4)。这三轮周期的全社会固定资产投资增速变化所呈现出的不同特点,既体现了我国从计划经济向市场经济转轨过程中经济环境的变化,也反映了国家宏观调控政策手段的变化和调控水平的不断提高(国家统计局固定资产投资统计司,2009)。

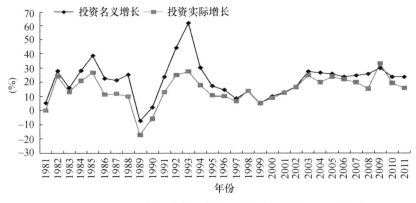

图4 1981—2011年全社会固定资产投资名义增速和实际增速

1. 第一轮周期,1981—1989年

这一时期是我国固定资产投资发展的起步阶段。改革开放初始,我国经济、社会百废待兴,众多领域都需要加大固定资产投资的投入力度,以解决历史欠账问题。这轮周期全社会固定资产投资年均名义增长19.2%,从1980年的911亿元增加到1989年的4 410亿元,增长了3.8倍;名义增速从1981年的5.5%提高到1985年的38.8%,又回落到1989年的-7.2%,经历了一个比较完整的增长周期。由于改革开放初期发展经济的经验不足,政策调控力度往往

---

① 本文中的年均增速均采用几何平均法计算。

过大,使得这一时期的投资增长呈现出频繁波动的态势。1981年全社会固定资产投资增长5.5%,1982年提高到28%,1983年回落到16.2%,1985年再提高到38.8%,1986年又大幅度回落到22.7%,1987年和1988年相对稳定,但1989年大幅度下降到-7.2%。这一时期全社会固定资产投资最高增速与最低增速相差46个百分点,而且出现了改革开放以来唯一的一次负增长。

扣除价格因素,这轮周期全社会固定资产投资年均实际增长10.7%,由于各年固定资产投资价格全部为上涨,因此各年实际增速均低于名义增速,但实际增长趋势与名义增长趋势大体一致。

2. 第二轮周期,1990—1999年

这一时期的固定资产投资以沿海地区和开发区为重点。这轮周期全社会固定资产投资年均名义增长21.1%,比第一轮周期提高1.9个百分点,从1989年的4410亿元增加到1999年的29855亿元,增长了5.8倍。这轮周期全社会固定资产投资增速先升后降,呈典型的倒V字曲线。

1990年全社会固定资产投资增长2.4%,1991年提高到23.9%,1992年和1993年全社会固定资产投资增速大幅度提高,分别增长44.4%和61.8%,其中1993年增速为改革开放以来的最高增速。为给过热的经济降温,国家采取了一系列宏观调控措施,全社会固定资产投资增速逐步回落,1994—1996年分别为30.4%、17.5%和14.8%。1997年受亚洲金融危机的影响,全社会固定资产投资增速降至8.8%。从1998年开始,国家连续发行长期建设国债加强基础设施投资,1998年全社会固定资产投资增速提高到13.9%,但因为危机影响较大,民间投资并未有效启动,1999年又回落到本轮周期的最低点5.1%。

这轮周期的运行曲线显示出全社会固定资产投资从快速升温到快速降温的全过程,这也反映出经济转轨时期投资增长的不稳定。

扣除价格因素,这轮周期全社会固定资产投资年均实际增长12.3%,比上轮周期提高1.6个百分点。从趋势上看,实际增长速度变化曲线也呈倒V字形,但由于1992年和1993年固定资产投资价格分别上涨15.3%和26.6%,因此实际增长曲线要平缓得多。这轮周期的最后两年,投资价格是下降的,因此投资实际增速高于名义增速。

3. 第三轮周期,2000—2011年

这一时期是我国固定资产投资平稳快速增长的时期,并实现了由东部地区为主的快速增长向以中、西部地区为主的快速增长的转变。这轮周期,全社会固定资产投资年均名义增长22.6%,分别高于前两轮周期3.4和1.5个百分点,2011年达到311 485亿元,比1999年增长了9.4倍。

2000年固定资产投资开始走出低迷,进入新一轮增长。2000—2002年全社会固定资产投资分别增长10.3%、13.1%和16.9%,呈逐步回升态势,并于2003年达到27.7%,从此进入一个平稳快速增长轨道,2004—2008年投资分别增长26.8%、26.0%、23.9%、24.8%和25.9%,各年间增速波动幅度相对较小。为应对国际金融危机的冲击,国家出台了4万亿投资计划,使2009年全社会固定资产投资增速达到本轮周期的最高点30%。由于4万亿投资计划效应递减和政策调整,加上国际经济环境没有明显改善,2010年和2011年全社会固定资产投资增速均降至23.8%,比2009年明显回落。

与前两轮周期相比,这轮投资增长周期最显著的特点是:增长速度快,持续时间长,增速波动小。但是经过三十多年的高速增长,固定资产投资的潜在增长能力在下降,制约投资高速增长的因素在增多,今后投资增速仍将缓慢回落,本轮周期的投资增速尚未达到低点。

扣除价格因素,本轮周期全社会固定资产投资年均实际增长19.4%,比前两轮周期的年均实际增速快得多,除了因名义年均增速快于前两轮周期外,更主要的原因是这轮周期的投资价格相对稳定,平均涨幅比前两轮周期小得多。

(二)固定资本形成总额增长表现

同全社会固定资产投资一样,改革开放以来,我国固定资本形成总额总体上保持了快速增长的态势,1981—2011年年均名义增长17.8%,由1980年的1 322亿元增长到2011年的213 043亿元,增长了160倍。

按照与全社会固定资产投资增长同样的划分方式,1981年至2011年的固定资本形成总额名义增长也比较明显地表现为三轮周期:第一轮周期为1981—1989年,第二轮周期为1990—1999年,第三轮周期为2000—2011年,与全社会固定资产投资名义增长周期完全一致(见图5)。

在第一轮周期中,固定资本形成总额年均名义增长14.3%,增速从1981年的1.3%逐步提高,1984年达到本轮周期的最高点24.6%,之后回落,1989年达到本轮周期的最低点-6.0%。

在第二轮周期中,固定资本形成总额年均名义增长21.3%,增速从1990年

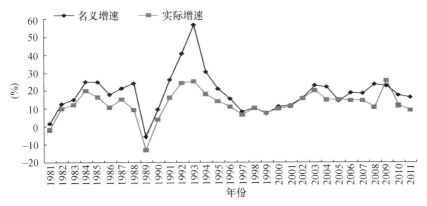

图 5 1981—2011 年固定资本形成总额名义增速和实际增速

的 9.2% 逐步提高,1993 年达到本轮周期的最高点 56.3%,之后迅速回落,1997 年增速回落到 8.0%,1998 年小幅反弹到 10.0%,1999 年回落到本轮周期的最低点 6.9%。

在第三轮周期中,固定资本形成总额年均名义增长 17.6%,增速从 2000 年的 10.9% 逐步提高,2003 年达到 22.6%,2005 年回落到 14.0%,之后又逐步提高,2008 年达到本轮周期的最高点 23.2%,2011 年回落到 16.0%。

扣除价格因素,固定资本形成总额实际增长趋势变化与名义增长基本一致,但相对平稳。这三轮周期的固定资本形成总额年均实际增速分别为 8.1%、13.2% 和 14.1%,呈逐步提高的态势。

(三) 固定资本形成总额对经济增长的贡献

改革开放以来,随着我国工业化和城镇化进程的加快,以及我国逐步成为全球制造业中心,固定资本形成总额总体上呈现出增长速度较快、在 GDP 中的比重上升、对 GDP 增长贡献较大的特征。

1. 固定资本形成总额增速快于 GDP 增速

(1) 固定资本形成总额名义增速快于 GDP 名义增速。改革开放以来,我国固定资本形成总额名义增速总体上快于 GDP 名义增速。1981—2011 年固定资本形成总额名义增速快于同期 GDP 名义增速的年份有 18 年,低于同期 GDP 名义增速的年份有 13 年;固定资本形成总额年均名义增长 17.8%,比同期 GDP 年均名义增速快 1.6 个百分点。分阶段看,1981—1990 年固定资本形成总额年均名义增长 13.8%,比同期 GDP 年均名义增速慢 1.4 个百分点;1991—2000 年固定资本形成总额年均名义增长 21.5%,比同期 GDP 年均名义增速快 3.3 个百分点;2001—2011 年固定资本形成总额年均名义增长 18.2%,比同期 GDP 年均名义增速快 2.9 个百分点(见表 2)。

表 2　固定资本形成总额名义增速与 GDP 名义增速比较　　（单位:%）

年份	GDP 名义增速	固定资本形成总额名义增速	固定资本形成总额名义增速-GDP 名义增速
1981—1990	15.2	13.8	-1.4
1991—2000	18.2	21.5	3.3
2001—2011	15.3	18.2	2.9
1981—2011	16.2	17.8	1.6

注:GDP 名义增速根据现价 GDP 计算,现价 GDP 数据取自《中国统计年鉴 2012》第 44 页;固定资本形成总额名义增速根据现价固定资本形成总额计算,现价固定资本形成总额数据取自《中国统计年鉴 2012》第 62 页。

(2)固定资本形成总额实际增速快于 GDP 实际增速。改革开放以来,固定资本形成总额实际增速总体上快于 GDP 实际增速。1981—2011 年固定资本形成总额实际增速快于同期 GDP 实际增速的年份有 24 年,慢于同期 GDP 实际增速的年份有 7 年;固定资本形成总额年均实际增长 12.0%,比同期 GDP 年均实际增速快 2.0 个百分点。分阶段看,1981—1990 年固定资本形成总额年均实际增长 7.6%,比同期 GDP 年均实际增速慢 1.7 个百分点;1991—2000 年固定资本形成总额年均实际增长 13.9%,比同期 GDP 年均实际增速快 3.5 个百分点;2001—2011 年固定资本形成总额年均实际增长 14.5%,比同期 GDP 实际增速快 4.1 个百分点。

表 3　固定资本形成总额实际增速与 GDP 实际增速比较　　（单位:%）

年份	GDP 实际增速	固定资本形成总额实际增速	固定资本形成总额实际增速-GDP 实际增速
1981—1990	9.3	7.6	-1.7
1991—2000	10.4	13.9	3.5
2001—2011	10.4	14.5	4.1
1981—2011	10.0	12.0	2.0

注:GDP 实际增速根据不变价 GDP 指数计算,GDP 指数数据取自《中国统计年鉴 2012》第 48 页;固定资本形成总额实际增速根据不变价固定资本形成总额计算,不变价固定资本形成总额数据取自国家统计局不变价支出法 GDP 资料。

2. 固定资本形成总额占 GDP 的比重上升

固定资本形成总额是支出法 GDP 的重要构成项目。改革开放以来,固定资本形成总额占支出法 GDP 的比重总体呈上升态势。1981—2011 年固定资本形成总额占支出法 GDP 的年平均比重为 34.0%。1981 年固定资本形成总额占支出法 GDP 的比重为 26.7%,1991 年为 26.9%,2001 年为 34.6%,2011 年达到 45.7%。其中 2011 年分别比 1981 年、1991 年、2001 年提高 19.0、18.8 和 11.1 个百分点。分阶段看,1981—1990 年固定资本形成总额占支出法 GDP 的年平均比重为 28.2%,1991—2000 年为 32.6%,2001—2011 年为 40.5%(见图 6)。

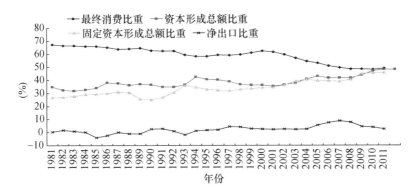

图 6　1981—2011 年支出法 GDP 结构(支出法 GDP=100)

注:本图中的支出法 GDP 结构根据支出法 GDP 及其构成项目计算,支出法 GDP 及其构成项目数据取自《中国统计年鉴 2012》第 61、62 页。

3. 固定资本形成总额对 GDP 增长的贡献率上升

固定资本形成总额对 GDP 增长的贡献率是指不变价固定资本形成总额增加额占不变价支出法 GDP 增加额的比重。改革开放以来,固定资本形成总额对 GDP 增长的贡献率波动较大,但总体呈上升态势。1981—2011 年固定资本形成总额对 GDP 增长的年平均贡献率为 34.1%,其中 2009 年最高,为 93.7%,1989 年最低,为－114.6%。分阶段看,1981—1990 年固定资本形成总额对 GDP 增长的年平均贡献率为 11.7%;1991—2000 年为 40.3%,2001—2011 年为 48.8%(见图 7)。

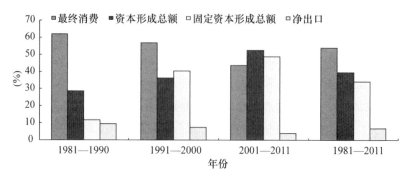

图 7　1981—2011 年最终需求年平均贡献率

三、财政政策对中国投资增长的影响

财政政策主要通过税收、补贴、赤字、国债、收入分配和转移支付等手段对经济运行进行调节。它与货币政策共同组成了国家宏观调控的重要手段,是熨平经济波峰和波谷、保持经济平稳较快增长的重要工具。

根据对经济运行影响方向的不同,财政政策可以分为扩张性财政政策、中性财政政策和紧缩性财政政策。财政政策一般在经济波动时进行反向调节,即经济过热时采取紧缩性财政政策,抑制总需求的增长,达到总供需的平稳;经济低迷时采取扩张性财政政策,刺激总需求,从而拉动经济增长。固定资产投资作为最终需求的重要构成部分,是财政政策所要调节的重点领域。

(一) 财政政策对投资增长的影响方式

财政政策对固定资产投资的影响也往往是通过反向调节来实现的,投资增速过低时,采取扩张性财政政策拉动投资增长,投资过热时,采取紧缩性财政政策达到为投资降温的目的。

扩张性财政政策的运用主要是通过财政收入的减少和财政支出的增加来刺激固定资产投资增长。在财政收入方面,对投资的调节主要采取以下几种方式:一是通过对企业减税增加企业利润,增强其投资能力,扩大其投资需求,从而增加投资总量,提高投资增速。例如,各地区出台的各种招商引资的税收优惠政策对促进投资增长发挥了积极作用。二是通过土地优惠政策吸引企业投资。土地优惠政策作为一种扩张性财政政策,虽然不是由国家统一出台的,但作为我国各地招商引资的主要优惠政策之一,对我国多年的投资高速增长发挥了积极作用。在财政支出方面,对投资的影响首先表现为财政直接用于投资项目资金的增加,这些资金占全部投资资金来源比重的大小决定了对投资的直接影响程度。随着投资自主性的不断增强,财政资金在全部投资资金来源中所占的比重越来越小,因此直接影响也越来越小。其次是财政投资的带动效应。通过财政投资带动银行贷款和社会资金的进入,从而引起全社会投资总量的扩大和增速的提高。相对财政投资的直接作用,其带动效应更为重要。扩张性财政政策对投资作用效果的好坏主要看是否能够有效带动社会资金进入。可见,扩张性财政政策对投资的影响过程如下:减税政策增强了企业的投资能力,土地优惠政策提高了企业的投资积极性;财政用于投资项目资金的增加,直接扩大投资规模,并带动社会投资增长,从而促进全社会固定资产投资增长。

紧缩性财政政策对固定资产投资的制约作用,主要通过增加税收和收缩财政支出来实现。作用机理是相似的,税收增加会减少企业的利润,降低企业的投资能力,进而达到为投资降温的目的;收缩财政支出会减少用于固定资产投资的财政资金,政府投资的减少必然会影响政府投资项目的工期,也影响到银行资金的到位,从而导致投资增速放缓。紧缩性财政政策虽然理论上能够实现对投资的降温作用,但实施过程中有许多局限:一是对企业增税的政策对经济的影响太大,一般很少使用。二是减少财政投资往往只能影响政府投资项目,对非政府投资项目往往影响较小,因此为投资降温的效果要大打折扣。三是紧缩性财政政策要达到比较好的效果,一般要有货币政策及其他政策相配合,如配合以实施提高银行利率、存款准备金率和控制银行贷款规模的货币政策,抑或配合采取一些必要的行政手段。

(二)财政政策对中国投资增长影响的实践

改革开放以来,中国的经济体制发生了重大变革,中国的宏观调控方式也经历了由主要依靠计划,到注重计划与市场相结合,再到市场在资源配置中起基础性作用的转变。财政政策作为宏观调控的主要手段之一,在不同时期也表现出不同的特征。改革开放初期,财政政策作为实现国民经济计划的主要手段,财政投资作为影响社会总需求和总供给的重要因素,主要依靠行政计划管理,其政策工具的使用和功能发挥受到较多计划经济体制的束缚。由于政策力度把握得不好,政策实施后虽然达到了调控的目标,但往往导致投资增速大起大落,造成经济增长的较大波动。20世纪90年代以来,伴随着市场经济体制改革的不断推进,财政调控经济的方式从主要依靠行政计划手段逐步向主要依靠市场手段转变,注重综合运用各种政策工具,调控手段逐步完善,经济运行的平稳性逐步增强。

改革开放以来,针对宏观经济和投资的冷热程度,财政政策发生了多轮变化。1979—1981年实行紧缩性财政政策(当时也称调整),1982—1987年实行扩张性财政政策(期间1985年政策有所收紧),1988—1989年实行紧缩性财政政策,1990—1992年政策有所放松,1993—1997年实行紧缩性财政政策,1998—2003年实行扩张性财政政策,2004—2007年实行中性(或称稳健)财政政策,2008—2010年实行扩张性财政政策(见图8)。

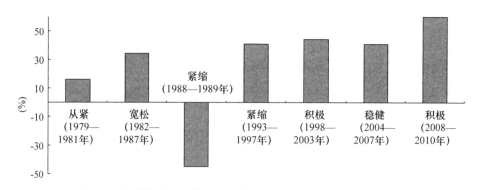

图8 不同时期财政政策对固定资本形成总额年均贡献率的影响

其中,财政政策对投资增长带来明显影响的主要有五次,包括两次紧缩性财政政策(1988—1989年、1993—1997年),两次扩张性财政政策(1998—2003年、2008—2010年),以及一次中性财政政策(2004—2007年)。

1. 两次紧缩性财政政策的使用

第一次:1988—1989年实施的紧缩性财政政策。从1984年下半年开始,国民经济过热的迹象逐步显现,投资和GDP均快速增长,价格总水平大幅攀升。1984—1988年,全社会固定资产投资增速分别达到28.2%、38.8%、22.7%、21.5%和25.4%,GDP增速分别为15.2%、13.5%、8.8%、11.6%和11.3%,居民消费价格涨幅分别达到2.7%、9.3%、6.5%、7.3%和18.8%,社会总供需矛盾非常突出。

为抑制固定资产投资过快增长,国家于1988年下半年采取了紧缩性财政政策,并配合以从紧的货币政策和必要的行政手段。财政政策的具体措施包括:紧缩中央财政开支,削减财政投资支出;对经营不善、长期亏损的国有企业停止财政补贴,对落后的小企业进行整顿和关停并转;采取行政手段压缩固定资产投资规模,1988年9月底,国务院下发《关于清理固定资产投资在建项目、压缩投资规模、调整投资结构的通知》,部分固定资产投资项目被要求停建和缓建,限制预算外基建投资,限制"楼、堂、馆、所"及住宅等非生产性投资的规模;大力压缩行政管理费支出;进行税利分流试点和税制改革等。

紧缩性政策实施后,1988年和1989年国家财政用于投资项目的预算内资金分别比上年下降13.0%和15.3%,固定资产投资增速大幅度回落,经济过快增长的势头得到控制,价格涨幅明显回落。1989年全社会固定资产投资增速降为-7.2%,1990年仅增长2.4%,比1988年增速分别回落32.6和23.0个百分点。1989年和1990年GDP分别增长4.1%和3.8%,比1988年分别回落7.2和7.5个百分点。1989年CPI上涨18.0%,1990年上涨3.1%,比1988年分别回落0.8和15.7个百分点。但政策力度过大,导致企业流动资金严重短缺,生产难以正常运转,经济效益明显下降,市场不同程度地出现了疲软。

第二次:1993—1997年实施的紧缩性财政政策。1992年邓小平同志南方谈话和党的十四大召开以后,经济体制改革逐步深化,市场机制不断完善,企业活力明显增强,我国经济高速发展,但也出现了房地产和开发区投资过度扩张、生产资料价格迅速攀升、基础产业和基础设施的"瓶颈"制约加剧的情况。1992年和1993年,全社会固定资产投资分别增长44.4%和61.8%,其中房地产开发投资分别增长117.5%和165.0%;GDP增速分别为14.2%和14.0%;1992—1995年,居民消费价格涨幅分别达到6.4%、14.7%、24.1%和17.1%,经济形势十分严峻。

1993年,针对经济过热势头,国家开始实施紧缩性财政政策。财政政策的具体措施包括:一是1993年出台加强调控的16条措施,1994年进行财税体制改革。二是实行从紧的预算政策,严格控制财政赤字。1994年,全国人大通过的《中华人民共和国预算法》规定,从1994年起,中央财政赤字主要通过发行国债的办法弥补,不再向中国人民银行透支或借款。三是清理压缩基本建设项目,控制固定资产投资过快增长,对固定资产投资实行项目资本金制度。下发了《关于继续加强固定资产投资宏观调控的通知》,提出要集中财力物力,保证重点建设,优先保证重点项目的收尾和投产;停建缓建不符合产业政策、资金来源不落实、市场前景不好的项目;新上大中型基本建设项目须经中央政府批准后才能开工。四是加强对房地产市场的管理,制定房地产增值税和有关税收政策,坚决制止房地产的投机行为,购置土地一年内投入的开发资金不足购置费25%的,要收回土地(金人庆,2006)。

实施上述一系列政策之后,用于投资项目的国家预算内资金增速明显放缓,1994—1996年分别增长9.5%、17.3%和0.8%,比1993年39.2%的增速大幅度回落,过快增长的需求得到了有效遏制,固定资产投资增速大幅度回落,GDP增速和价格涨幅明显回落。1994—1997年,全社会固定资产投资增速分别回落到30.4%、17.5%、14.8%和8.8%;GDP增速分别回落到13.1%、10.9%、10.0%和9.3%,逐步放缓。1997年CPI上涨2.8%,比1994年涨幅回落21.3个百分点。

1988—1989年和1993—1997年两次紧缩性财政政策实施之后,过热的经济形势明显降温。但从对固定资产投资的调控效果看,政策力度有些过大,造成了投资增速的大起大落。

2. 两次扩张性财政政策的使用

改革开放以来,我国经济经历了两次比较严重的国际金融危机冲击,为了应对冲击,国家都启动了以扩大财政支出为主的扩张性财政政策,对扭转经济增速大幅度下滑的走势发挥了积极作用。

第一次:1998—2003年实施的扩张性财政政策。1997年7月爆发的亚洲金融危机对我国经济产生了严重的冲击,外贸出口下降,投资增速持续走低,经济增长速度明显下滑,物价水平出现负增长。全社会固定资产投资增速由1997年的8.8%下降到1999年的5.1%;GDP增速由1997年的9.3%下降到1999年的7.6%;CPI由1997年的上涨2.8%变为1999年的下降1.4%。

为防止经济增速进一步下滑,避免通缩形势加剧,国家从1998年起开始实施扩张性财政政策,努力扩大内需,促进经济增长。扩张性财政政策主要包括以下内容:一是连续发行长期建设国债,加大基础设施建设。1998—2000 年[①]国家发行 3 600 亿元长期建设特别国债,主要投向农林水利、交通通信、城市设施、城乡电网改造、国家直属储备粮库建设等基础设施建设。这三年国债项目完成固定资产投资分别占当年全社会固定资产投资的 9.7%、8.1% 和 8.8%,占当年全社会固定资产投资增量的 79.9%、165.9% 和 94.6%(见表 4)。二是 1999 年下半年起减半征收固定资产投资方向调节税(2000 年开始暂停征收)。三是通过对技术改造项目进行贴息,促进产业升级和加快结构调整步伐。四是从 1998 年起,对国家鼓励发展的投资项目和外商投资项目进口的设备,在规定范围内免征关税和进口环节税。五是对符合国家产业政策的企业技术改造项目购置国产设备,准予按 40% 的比例抵免企业所得税。六是调整完善财政管理体制,加大对中西部地区的转移支付力度,支持西部大开发和东北地区老工业基地振兴。

表 4 1998—2000 年国债资金对全社会固定资产投资的影响

年份	全社会固定资产投资(亿元)	增量(亿元)	增长(%)	国债项目固定资产投资(亿元)	占全社会固定资产投资比重(%)	占全社会固定资产投资增量比重(%)
1998	28 406	3 465	13.9	2 768	9.7	79.9
1999	29 855	1 449	5.1	2 403	8.1	165.9
2000	32 918	3 063	10.3	2 898	8.8	94.6

在扩张性财政政策作用下,投资增速、GDP 增速和 CPI 涨幅开始企稳回升。2000—2003 年,固定资产投资分别增长 10.3%、13%、16.9% 和 27.7%,增速逐年持续回升;GDP 增速分别为 8.4%、8.3%、9.1% 和 10%,比 1998 年和 1999 年明显回升;CPI 分别上涨 0.4%、0.7%、-0.8% 和 1.2%,比 1999 年的 -1.4% 有所回升。

第二次:2008—2010 年实施的扩张性财政政策。 2008 年 9 月,美国次贷危机演变为全球性金融危机,并且金融危机加速从虚拟经济向实体经济、从发达国家向新兴经济体和发展中国家蔓延,对我国经济的影响加速显现。2009 年一季度我国 GDP 仅增长了 6.6%,是 21 世纪以来季度最低增速;出口从 2008

---

① 1998—2004 年共发行 9 100 亿元。

年三季度增长23.1%转为2009年一季度下降19.8%;2009年二季度CPI下降1.5%。针对严峻的经济形势,国家出台了以4万亿元投资计划为主的扩张性财政政策。

这次扩张性财政政策主要包括以下内容:一是围绕落实新增4万亿元投资计划,扩大政府公共投资。2009年中央政府安排公共投资9243亿元,2010年安排10710亿元,投资重点安排在"三农"建设、保障性安居工程、教育卫生、节能减排、环境保护等方向。二是全面实施增值税转型改革,允许企业抵扣购进的机器设备固定资产进项税额,以促进企业增加投资,推进技术改造和科技创新。三是增加对农村基础设施和公共服务的投入,加大扶贫开发支持力度。2009年和2010年中央公共财政对农民的粮食直补、农资综合补贴、良种补贴和农机购置补贴支出分别为1196亿元和1226亿元。四是优化财政支出结构,严格控制一般性支出,重点加大教育、医疗卫生、住房等民生领域的投入。2010年全国各类保障性住房和棚户区改造住房开工590万套,基本建成370万套。五是完善鼓励引导民间投资的配套措施和实施细则,支持民间投资进入铁路、市政、金融、能源、电信、教育、医疗等领域。六是大力支持科技创新,促进产业结构优化升级,深入推进节能减排。七是经国务院批准,2009—2010年财政部每年代理发行2000亿元地方政府债券,满足地方投资建设需要(谢旭人,2011)。

扩张性财政政策的实施,对稳定信心、遏制经济增速快速下滑、保持价格稳定发挥了重要的作用。2009年全社会固定资产投资增长30%,比2008年提高4.1个百分点;GDP增速从2009年一季度的6.6%上升到2010年一季度的12.1%;CPI涨幅比2009年二季度下降1.5%,回升到2010年一季度的2.2%。

1998—2003年和2008—2010年实施的两次扩张性财政政策,都是国家为应对国际金融危机,防止经济增速进一步下滑,启动了以增发长期建设国债(或增加政府投资)为主的扩大财政支出政策。这两次扩张性财政政策的实施通过加强与货币政策、产业政策等的协调配合,有效带动了银行信贷资金的大量投入,集中力量建成了一批关系全局的重大基础设施项目,促进了固定资产投资的快速增长,扭转了经济增速快速下降的趋势,避免了通货紧缩的加剧,实现了经济增速的回升。

3. 一次中性财政政策的使用

2004—2007年实施了中性财政政策。经过1998—2003年连续多年实施的扩张性财政政策,中国经济逐步进入新一轮增长周期的上升阶段,各项宏观经济指标表现良好。2003年全社会固定资产投资增长27.7%,GDP增长10%,CPI上涨1.2%。在国民经济总体情况较好的态势下,也出现了部分地区和部分行业投资增长过快、低水平重复建设倾向加剧、资源供需矛盾日益突出等问题。宏观经济进入供求总量大体平衡、结构问题日益突出的新阶段。有鉴于此,以扩张为导向的财政政策逐渐调整为总量上松紧适度、结构上有保有控的中性(或稳健)财政政策。

财政政策主要包括以下内容:一是适当调减财政赤字和长期建设国债规模,向社会传递政府合理控制投资的政策信号。2004—2006年财政赤字占GDP的比重分别为1.3%、1.2%和0.8%,逐年降低。2007年财政结余1540亿元。二是加大对"三农"的投入力度并创新惠农政策体系,大力支持新农村建设;从2004年起,中国财政开始调整粮食风险基金的使用方式,实行对种粮农民的直接补贴。三是加大对教育、科技、卫生、社会保障等社会事业发展的投入,促进经济社会协调发展。四是加大转移支付力度并优化转移支付结构,促进区域协调发展。五是不断加大对生态保护与环境建设支持力度,大力推进资源环境有偿使用制度改革,促进人与自然和谐发展。六是加大铁路建设资金的投入,支持高速铁路的发展。

中性财政政策的实施,将保持宏观经济稳定与促进结构优化相结合,有力地促进了宏观经济和投资稳定发展。2004—2007年,全社会固定资产投资分别增长26.8%、26.0%、23.9%和24.8%,增速比较平稳;GDP增速分别为10.1%、11.3%、12.7%和14.2%,逐年加快;CPI涨幅分别为3.9%、1.8%、1.5%和4.8%,回落后呈上涨之势。

(三)正确认识财政政策对投资增长的影响

改革开放以来的实践表明,财政政策对稳定投资增长、熨平投资波动发挥了重要作用。但也要认识到财政政策的局限性,不断总结经验和教训,切实发挥好财政政策稳定投资增长的作用,减少负面影响。

(1)要注意财政政策与其他经济政策的配合使用,使政策效果达到最优。

宏观调控手段既包括财政政策，也包括货币政策、产业政策等相关政策，有时还需要采取一定的行政手段。由于财政资金在全部投资资金来源中所占比重不断下降，财政资金的增减只会影响到政府投资项目，如果要为投资降温，就需要配合以提高存款准备金率或银行利率的货币政策，以及差别化的产业政策，引导企业的投资资金流向。改革开放初期，为给投资热快速降温，在使用财政政策和货币政策的同时，也使用了限制项目开工等行政手段，虽然达到了政策目标，但也带来较大的负面影响。随着市场经济体制的不断完善，应更多地综合运用各种经济手段，减少行政手段对经济的直接干预。

（2）财政政策的实施要掌握好政策的力度和时机，避免投资增速出现大起大落。财政政策要达到比较好的效果，不仅要方向正确，而且要掌握好政策的力度和时机。不能等到经济或投资已经明显过热（或过冷）时再出台过激的紧缩性（或扩张性）政策，否则容易导致经济和投资的剧烈波动，对经济发展带来负面影响。因而应审时度势，在经济有过热（或过冷）的苗头时就开始采取温和的财政政策进行相机调节，既达到为经济缓慢降温（或升温）的目的，又减小负面作用。

（3）扩张性财政政策要能够有效带动而不是挤出社会资金投入。因为财政资金投入在全社会资金投入中不可能占据主导地位，如果扩张性财政政策不能有效带动社会资金投入，那么财政政策的效果就会大打折扣。因此扩张性财政政策应多使用财政贴息、财政担保等手段，充分发挥杠杆作用，用较少的资金投入带动全社会固定资产投资的增长。

（4）财政政策的调节要更加注重产业结构的调整和升级。经过三十多年的高速增长，固定资产投资总规模已经很大，大部分产业的产能已经饱和或过剩，固定资产投资高速增长的空间已经很小，结构失衡已经成为经济领域的主要矛盾。因此财政政策的使用应以优化产业结构、提高经济增长质量和效益为目的：一是财政投资资金要重点向社会保障、教育、文化等领域倾斜，逐步减少竞争性领域的投入，打破行政垄断，把竞争性投资空间更多地留给民间投资。二是限制财政资金进入高耗能及产能过剩行业。三是通过结构性减税来减轻企业负担，引导企业的资金流向。

参 考 文 献

[1] 国家统计局:《中国国民经济核算体系2002》,中国统计出版社,2003年。

[2] 国家统计局:《中国主要统计指标解释》,中国统计出版社,2010年。

[3] 国家统计局:《国家统计调查制度2012》,2012年。

[4] 国家统计局:《中国统计年鉴2012》,中国统计出版社,2012年。

[5] 国家统计局国民经济核算司:《中国第二次经济普查年度国内生产总值核算方法》,2011年。

[6] 国家统计局固定资产投资统计司:《投资中国30年》,中国统计出版社,2009年。

[7] 金人庆:《中国科学发展与财政政策》,中国财政经济出版社,2006年。

[8] 谢旭人:《中国财政改革发展》,中国财政经济出版社,2011年。

[9] 许宪春:《准确理解中国的收入、消费和投资》,《中国社会科学》,2013年第2期。

5. 对外开放对中国经济增长的贡献测算与分析

施发启　戴旻乐　曾宪欣[*]

【摘要】 加入世贸组织以来,我国货物贸易规模相继超越英、法、日、德、美,2013年首次上升至全球第一位。利用外资连续20年位居发展中国家首位。对外投资初具规模,2013年达到901.7亿美元。测算表明,2002—2013年,国内出口对经济增长的年平均贡献率为11.4%;利用外资对经济增长的年平均贡献率为0.5%,两者合计为11.9%;2001—2013年,来自国外要素收入占GNI的比重年平均为1.95%。本文建议:加快完善相关法律和政策,将对外开放与整合市场资源、引进技术管理、培育竞争优势、优化经济结构更好地结合起来,进一步发挥对外开放对"稳增长、调结构、促改革"的积极作用。

2001年加入世界贸易组织(WTO)以来,我国对外开放的广度和深度进一步拓展,对外贸易实现了跨越式大发展,利用外资和对外投资逐年扩大,为我国经济快速增长增添了强劲动力。本文在对入世以来对外开放的新变化做出扼要分析的基础上,重点就对外开放[①]对我国经济增长的贡献进行了测算和分析,并提出了相应的政策建议。

---

[*] 施发启,国家统计局国民经济核算司高级统计师;戴旻乐,国家统计局综合统计司统计师;曾宪欣,国家统计局国民经济核算司统计师。

[①] 对外开放主要包括对外贸易、利用外资、对外投资和劳务合作等四个部分,根据数据来源情况,本文的研究重点主要集中于前三个部分内容。

一、入世以来我国对外开放发生的巨大变化

加入WTO以来,我国对外贸易实现跨越式发展,吸收外资水平不断提高,对外经济合作步伐明显加快,经济发展和各项改革取得重大成就。

货物贸易规模迅速扩大。 2002—2013年,我国货物进出口总额累计273 986亿美元,其中,出口总额146 755亿美元,进口总额127 231亿美元,分别是1978—2001年(改革开放至入世的24年)的6.6倍、6.9倍和6.4倍。12年间,进出口贸易年均增长19.1%,其中,出口年均增长19.3%,进口年均增长18.9%。2013年我国进出口再创历史新高,进出口总额达到41 600亿美元,是2001年的8.2倍。其中,出口22 096亿美元,是2001年的8.3倍;进口19 504亿美元,是2001年的8.0倍。

入世12年,我国贸易规模相继超越英国、法国、日本和德国,2013年首次超越美国跃居世界第一位。从出口看,入世以来,我国不断拓展外需市场,出口规模逐年扩大,在世界的排位和占世界出口总额的比重不断上升。2001年,我国出口总额与英国相近,居世界第六位,在2004年超过日本,2007年超过美国,2009年超过德国,跃居世界第一位;占世界出口总额的比重由2001的7.3%提高到2013年的11.8%。从进口看,我国国内市场进一步国际化,进口规模逐步扩大,在世界的排位和占世界进口总额的比重不断上升。2001年,我国进口总额与意大利相近,居世界第六位,2003年超过日本、英国和法国,2009年超过德国,进口总额上升至世界第二位,成为仅次于美国的第二大国际市场;占世界进口总额的比重由2001的3.8%提高到2013年的10.3%。

服务贸易快速发展。 2013年,我国服务进出口(按国际收支口径统计,下同)总额达5 396亿美元,是2001年的7.5倍。其中,服务出口2 105亿美元,是2001年的6.4倍;服务进口3 291亿美元,是2001年的9.4倍。我国服务出口居世界第五位(前四位依次为美国、英国、德国、法国);进口居世界第二位(第一位为美国)。

利用外资规模跃居全球第二位。 12年来,我国外商直接投资累计达到9 984.8亿美元,年均增长8.7%,全球排名由2001年的第六位上升至第二位(2012年排位),并连续20年(截至2012年)位居发展中国家首位。即使是在国

际金融危机冲击较为严重的2009年,外商直接投资仍然超过900亿美元,降幅远远低于全球平均水平。2013年,外商直接投资达到1 175.9亿美元,是2001年的2.51倍。

对外投资高速增长。入世后,我国深入实施"走出去"战略,对外投资合作取得新发展,"走出去"的规模和效益进一步提升。即使受到国际金融危机的严重影响,对外投资、对外经济合作仍实现逆势上扬,为促进国民经济平稳较快发展发挥了积极作用。2003—2013年,我国非金融类对外直接投资流量年均增长36.9%,其中,2013年901.7亿美元,是2002年的31.6倍。

二、对外开放对我国经济增长的贡献测算和分析

(一) 外贸对经济增长的贡献测算和分析

传统上外贸对经济增长的贡献有两种测度方法,一种是利用年度不变价货物和服务出口的增量占当年不变价支出法GDP的增量的比重衡量;另一种是利用年度不变价货物和服务净出口的增量占当年不变价支出法GDP的增量的比重衡量。第一种方法隐含的假设是,一个经济体的所有出口的投入都是由国内生产的,事实上这种假设是不成立的,因为在现代开放经济中一个经济体的出口额中通常含有从其他经济体进口的零部件价值,这在我国表现得更为明显,因此这种方法有可能高估了外贸对经济增长的作用。第二种方法隐含的假设是,一个经济体的所有进口都是为了出口,同样这种假设也是不成立的,因为一个经济体的进口中通常含有投资品和消费品,因此这种方法有可能低估了外贸对经济增长的作用。由表1可知,2001—2013年货物和服务出口对经济增长的贡献率为32.48%,而货物和服务净出口对经济增长的贡献率仅为2.87%,两者相差29.61个百分点(见表1)。

表1 2001—2013年外贸对经济增长的贡献　　　　　　(单位:%)

年份	净出口对经济增长 的贡献率	出口对经济增长 的贡献率
2001	−0.10	23.11
2002	7.57	62.70
2003	0.85	61.38

(续表)

年份	净出口对经济增长的贡献率	出口对经济增长的贡献率
2004	6.98	67.22
2005	22.22	53.58
2006	16.06	46.60
2007	18.03	35.68
2008	8.82	−1.03
2009	−37.38	−38.68
2010	3.95	66.42
2011	−4.22	13.42
2012	−2.12	10.33
2013	−3.35	21.50
平均	**2.87**	**32.48**

为了消除以上两种方法的弊病,我们利用非竞争性投入产出表将货物和服务进口分解为投资品、消费品和中间投入品,然后计算出口扣除进口中间投入品后的价值,最后计算出它对经济增长的贡献率。如用公式表示,则有:

$$\text{GDP}_t = C_t + I_t + \text{EX}_t - \text{IM}_t = C_t + I_t + \text{EX}_t - \text{IM}_t^c - \text{IM}_t^i - \text{IM}_t^{int}$$
$$= (C_t - \text{IM}_t^c) + (I_t - \text{IM}_t^i) + (\text{EX}_t - \text{IM}_t^{int})$$

其中,C_t 表示最终消费支出,I_t 表示资本形成总额,EX_t 表示货物和服务出口,IM_t 表示货物和服务进口,后者又可以进一步分解为投资品(IM_t^i)、消费品(IM_t^c)和中间投入品(IM_t^{int})。$(C_t - \text{IM}_t^c)$ 表示国内提供的消费品,$(I_t - \text{IM}_t^i)$ 表示国内提供的投资品,$(\text{EX}_t - \text{IM}_t^{int})$ 表示国内提供的出口。

将货物和服务进口分解为投资品、消费品和中间投入品的具体方法如下:对于货物部分,以2001年至2013年海关HS编码8位码数据为基础,首先利用联合国统计司的广义经济范畴分类(Broad Economic Categories, BEC)和海关HS(Harmonized System)编码的6位码对照关系区分出投资品、消费品和中间投入品,然后利用国际收支平衡表中按离岸价计算的货物进口额与海关按到岸价计算的货物进口额之间的比例关系,将上述按到岸价计算的投资品、消费品和中间投入品转化为按离岸价计算的投资品、消费品和中间投入品;对于服务部分,利用2001年至2013年的国际收支平衡表数据,根据2007年投入产出表服务数据的相关比例分别计算出投资品、消费品和中间投入品(见表2)。

表 2　2001—2013 年我国货物和服务进口的分解

（单位：亿元）

年份	货物进口			服务进口			货物和服务的进口		
	中间投入	消费	投资	中间投入	消费	投资	中间投入	消费	投资
2001	13 847.8	871.2	4 488.4	2 006.5	1 158.8	84.7	15 854.4	2 030.0	4 573.1
2002	16 839.8	1 177.7	5 280.9	2 379.8	1 353.5	117.8	19 219.6	2 531.3	5 398.7
2003	23 801.5	1 518.9	7 259.4	2 935.5	1 507.6	134.6	26 737.0	3 026.5	7 394.0
2004	32 607.0	2 069.2	9 555.9	3 870.2	1 944.1	156.0	36 477.1	4 013.3	9 711.9
2005	38 859.3	2 439.1	10 169.6	4 458.3	2 216.6	189.3	43 317.6	4 655.7	10 358.9
2006	45 214.2	2 980.7	11 748.0	5 312.7	2 501.8	223.7	50 526.9	5 482.5	11 971.8
2007	52 367.8	2 914.4	13 505.0	6 635.6	2 964.0	294.1	59 003.3	5 878.4	13 799.1
2008	57 224.3	3 711.7	13 648.7	7 407.4	3 235.1	394.9	64 631.7	6 946.8	14 043.6
2009	50 085.5	3 169.2	11 932.6	6 990.4	3 374.9	492.3	57 076.0	6 544.1	12 425.0
2010	68 219.3	5 364.4	16 263.6	8 326.0	4 328.0	432.8	76 545.3	9 692.4	16 696.5
2011	80 403.3	8 592.8	18 237.5	9 714.6	5 310.5	351.2	90 117.9	13 903.4	18 588.7
2012	81 320.7	10 239.9	17 979.6	10 884.6	6 525.3	339.6	92 205.3	16 765.3	18 319.2
2013	84 571.9	12 724.8	17 849.3	12 352.8	7 711.8	399.4	96 924.7	20 436.6	18 248.7

有了货物和服务进口的分解数据,我们就可以很容易计算出货物和服务出口在扣除货物和服务进口中的中间投入品后的价值,不妨称之为国内货物和服务出口,进而可以计算出它占支出法 GDP 比重以及它对经济增长的贡献率(见表3)。由表3可以看出,从占现价支出法 GDP 比重看,出口最高,净出口最低,国内出口介于两者之间。2001—2013年,国内出口占支出法 GDP 年平均比重为 12.90%,比净出口占支出法 GDP 年平均比重高 8.50 个百分点,但比出口占支出法 GDP 比重低 17.67 个百分点。从对经济增长的贡献率来看,出口最高,净出口最低,国内出口基本上也是介于两者之间。2002—2013年,国内出口对经济增长的年均贡献率为 11.35%,比净出口对经济增长的年均贡献率高 8.24 个百分点,但比出口对经济增长的年均贡献率低 21.91 个百分点。

表3 2001—2013年我国外贸对经济增长的贡献　　　　　(单位:%)

年份	出口占支出法 GDP 比重	净出口占支出法 GDP 比重	国内出口占支出法 GDP 比重	净出口对经济增长贡献率	国内出口对经济增长贡献率
2001	22.73	2.13	8.19	—	—
2002	25.10	2.57	9.15	7.57	23.29
2003	29.39	2.17	9.82	0.85	15.57
2004	33.85	2.63	11.19	6.98	21.93
2005	36.58	5.45	13.47	22.22	26.53
2006	38.00	7.48	15.32	16.06	23.73
2007	38.28	8.79	16.15	18.03	21.01
2008	34.77	7.67	14.31	8.82	5.19
2009	26.11	4.31	9.75	−37.38	−36.71
2010	29.30	3.75	10.30	3.95	21.46
2011	28.52	2.57	9.45	−4.22	2.86
2012	26.82	2.76	9.39	−2.12	4.61
2013	25.58	2.48	9.07	−3.35	6.73
平均	**30.57**	**4.40**	**12.90**	**3.11**	**11.35**

应该指出的是,上述测算结果并不能全面和完整地反映外贸特别是进口对经济增长的贡献。例如,进口一方面可以弥补国内的产品缺口,促进我国产品的质量提高和升级换代;另一方面可以引进国外的先进技术和管理经验,从而

提高我国的技术水平和管理水平。遗憾的是,进口对经济增长的这些作用难以量化。

(二)实际利用外资对经济增长的贡献测算和分析

实际利用外资对经济增长的贡献通常采用以下测算方法,即根据支出法GDP核算恒等式,将固定资本形成分解成国内固定资本形成和国外固定资本形成,后者可近似用外商直接投资额代替,从而测算出实际利用外资对经济增长的贡献。由表4可知,2001—2013年,国外投资(外商直接投资)占支出法GDP年平均比重为2.29%,该比重在2002年达到顶点后开始逐年下滑,2013年进一步下滑到1.24%,比2001年降低2.32个百分点;在此期间国内出口和利用外资(此两项之和基本上等同于对外开放)占支出法GDP年平均比重为15.19%,该比重从2001年开始逐步攀升,并于2007年达到峰值,从2008年开始又逐步下滑,2013年进一步下滑到10.31%,创下21世纪以来的新低。2002—2013年,利用外资对经济增长的贡献率有正有负,年平均为0.50%;国内出口和利用外资对经济增长的贡献率平均为11.85%,该贡献率呈现前高后低态势,特别是近两年持续在低位徘徊。

表4 2001—2013年我国外贸和外资对经济增长的贡献　　(单位:%)

年份	国内出口占支出法GDP比重	外商直接投资占支出法GDP比重	国内出口和利用外资占支出法GDP比重	国内出口对经济增长贡献率	利用外资对经济增长贡献率	国内出口和利用外资对经济增长贡献率
2001	8.19	3.56	11.75	—	—	—
2002	9.15	3.62	12.77	23.29	4.07	27.36
2003	9.82	3.24	13.06	15.57	−0.25	15.32
2004	11.19	3.12	14.31	21.93	1.74	23.66
2005	13.47	2.64	16.10	26.53	−0.20	26.33
2006	15.32	2.26	17.57	23.73	−0.34	23.38
2007	16.15	2.13	18.29	21.01	1.40	22.40
2008	14.31	2.03	16.34	5.19	0.24	5.42
2009	9.75	1.76	11.51	−36.71	−0.33	−37.04
2010	10.30	1.78	12.08	21.46	1.77	23.23

(续表)

年份	国内出口占支出法GDP比重	外商直接投资占支出法GDP比重	国内出口和利用外资占支出法GDP比重	国内出口对经济增长贡献率	利用外资对经济增长贡献率	国内出口和利用外资对经济增长贡献率
2011	9.45	1.59	11.03	2.86	−0.62	2.24
2012	9.39	1.33	10.73	4.61	−1.64	2.97
2013	9.07	1.24	10.31	6.73	0.19	6.92
平均	**12.90**	**2.29**	**15.19**	**11.35**	**0.50**	**11.85**

(三) 走出去对国民总收入的贡献测算

从理论上讲,我国对外投资和劳务输出拉动的是别国经济的增长,而不是本国经济的增长,其对本国的影响是通过获取投资收益和劳务收入,即来自国外要素收入影响本国国民总收入。因此,本文利用国际收支平衡表中收益贷方数据,测算对外投资和劳务输出对我国 GNI 的贡献(见表5)。

表5 2001—2013 年来自国外要素收入对 GNI 的贡献

年份	来自国外要素收入(亿元)	来自国外要素收入占GNI比重(%)
2001	777.2	0.71
2002	690.7	0.57
2003	1 332.2	0.98
2004	1 701.5	1.06
2005	3 217.1	1.74
2006	4 349.7	2.01
2007	6 347.5	2.39
2008	7 763.7	2.47
2009	7 394.6	2.17
2010	9 641.4	2.40
2011	9 318.0	1.97
2012	10 127.9	1.95
2013	11 506.0	2.03
平均	**5 705.2**	**1.95**

由表5可知,2001—2013 年,来自国外要素收入占 GNI 的年平均比重为

1.95%。该比重从 2001 年开始逐年上升,并于 2008 年达到最高的 2.47%,从 2009 年开始又在波动中下滑,2013 年进一步下滑至 2.03%。

三、提高对外开放对我国经济增长贡献的政策建议

入世以来,我国对外开放水平不断提高,有力地推动了国民经济的快速发展。但对外贸易发展中的大而不强、结构不合理等一系列问题,已经成为我国对外贸易,乃至整个国民经济进一步发展的瓶颈和制约,外资利用的结构、内外资间的不平等竞争等问题也已经不适应当前经济发展的需要。当前,不仅国内支撑外贸乃至经济发展的基础性条件已在发生深刻变化,国际贸易金融形势也发生了深刻变化。为了更好地应对这些变化和问题,需要我们统筹推动"稳增长、调结构、促改革",实行更加积极主动的开放战略,重视开放的质量与效益,把握好战略机遇期,全面提高开放型经济水平。我们建议:

(1) 认真落实好各项促进出口"稳增长、调结构"的政策措施,多措并举稳定外贸增长,加快推动外贸转型升级,发挥好外贸对稳增长的积极作用。一是密切跟踪外贸形势,不断稳固和扩大国际市场。要积极利用当前外部经济环境有所转好的有利形势,有效应对各种风险和不确定因素,积极有效地应对贸易摩擦。二是加大相关领域改革推进力度,进一步改善外贸发展的制度和政策环境。着力推进自由贸易试验区建设,为我国扩大开放和深化改革探索新思路和新途径。进一步推进汇率市场化改革,进一步完善人民币汇率形成机制,加快外汇管理理念和方式转变,深化外汇管理体制改革。三是提高贸易便利化水平,大力培育外贸竞争新优势。着力提高贸易信息化水平,支持跨境电子商务等新型贸易方式和外贸综合服务企业发展,推动国际商务平台和国际营销网络建设。四是着力转变贸易增长方式,严格控制资源消耗型产品出口,着力提升出口企业技术创新水平,加大自有知识产权产品出口扶持力度,实现对外贸易从粗放型发展到集约型发展的跨越。

(2) 继续完善进口政策,优化进口结构,增加先进技术设备、关键零部件、国内短缺资源和节能环保产品进口,促进进口对"转方式、调结构、稳增长"的重要作用。一是努力缩小贸易顺差,促进贸易收支基本平衡,为宏观经济管理创造良好的外部环境。二是要充分认识并注重发挥进口对"转方式、调结构、稳增

长"的重要作用,加大对关键技术和短缺战略资源的进口力度,促进贸易收支基本平衡。

(3) 继续完善利用外资相关法律、政策,营造与经济发展相适应、合理平等的竞争机制,充分发挥外资在"稳增长、调结构、促改革"方面的积极作用。一是统一内外资法律法规,对外资实施"国民待遇",完善投资环境,促进外来投资稳定增长。二是将市场开放、产业政策同其他相关政策相统一,不失时机地推进金融、教育、文化、医疗等服务业领域有序开放,引导外资更多地投向高技术、先进制造业、现代服务业、新能源、资源深加工和综合利用、节能环保等领域,促进国内产业结构升级。

(4) 明确政府职能定位,发挥企业主导作用,将"走出去"战略与整合市场资源、引进先进技术和管理经验与优化自身结构结合起来。一是合理规范政府在"走出去"战略中的地位和作用,充分发挥政府支持和服务的功能,加强信息服务,及时为国内企业提供各国和各地区的法律法规、税收政策、市场状况和企业资信等投资信息。二是完善对外投资的监管与保障体系和相关法律法规体系。三是鼓励并帮助企业根据自身发展需要,积极整合国内外市场资源,引进先进技术和管理经验,优化自身生产和技术结构,防范投资风险,避免盲目投资和扩张。

6. 中国居民收入分配状况研究

王有捐[*]

【摘要】 本文系统阐述了"十二五"以来中国居民收入分配的状况,梳理了居民收入的增长情况及其在国民可支配总收入中的占比变化,分析了居民收入的构成变动,揭示了居民收入差距的多维度演进,比较了中国居民收入基尼系数在国际上的相对水平。

近年来,我国国民经济平稳较快发展,居民收入持续较快增长,居民收入占国民可支配总收入比重稳步提高,居民收入差距持续缩小,收入分配状况总体上得到改善。但与国际上进行比较,我国居民收入分配差距较大,需要切实加大收入分配改革力度。

一、中国居民收入增长较快

中央提出到2020年实现城乡居民人均收入比2010年翻一番,保持居民收入增长和经济增长同步,人民生活水平和质量普遍提高等目标要求,有力推动了全国居民特别是农村居民收入快速增长,跑赢同期GDP增长,居民收入占国民可支配总收入比重提高。

---

[*] 王有捐,国家统计局住户调查办公室高级统计师。

(一) 全国居民人均可支配收入实际增速快于同期全国GDP的增速

据国家统计局全国居民收支与生活状况调查显示,2015年全国居民人均可支配收入为21 966元。2011—2015年全国居民人均可支配收入实际增速分别为10.3%、10.6%、8.1%、8.0%和7.4%,全都快于同年份全国GDP增速。五年来全国居民人均可支配收入年均实际增长为8.9%,比同时期GDP增速快1.1个百分点(见表1)。

表1 2011—2015年居民人均可支配收入与GDP增长情况 (单位:%)

	全国居民人均可支配收入实际增速	城镇居民人均可支配收入实际增速	农村居民人均可支配收入实际增速	全国GDP增速
2011年	10.3	8.4	11.4	9.5
2012年	10.6	9.6	10.7	7.7
2013年	8.1	7.0	9.3	7.7
2014年	8.0	6.8	9.2	7.3
2015年	7.4	6.6	7.5	6.9
"十二五"累计	53.0	44.7	58.2	45.7
"十二五"平均	8.9	7.7	9.6	7.8

注:2013—2015年人均可支配收入来源于全国居民收支与生活状况调查,2012年及以前数据根据历史数据推算获得。

分城乡看,五年来农村居民人均可支配收入实际增速每年均跑赢GDP;城镇居民人均可支配收入实际增速在2012年跑赢GDP,其余4年均低于GDP增速,整体未跑赢GDP。其中部分原因是,在城镇化过程中,城镇地域不断扩大,新老城镇区域人口不断增加。农村转移人口加入城镇,客观上会拉低城镇居民收入增速数据,年度之间存在一定程度的不可比性。但农村转移人口无论在哪里,都是全国居民的一部分,所以,以全国为总体统计时,城镇化不会造成居民收入统计数据年度之间不可比。

(二) 农村居民人均可支配收入增速快于城镇居民收入增速

2015年农村和城镇居民人均可支配收入分别为11 422元和31 195元。2011—2015年间,农村居民人均可支配收入实际增速分别为11.4%、10.7%、

9.3%、9.2%和7.5%，每年都高于城镇居民人均可支配收入实际增速。五年来农村居民人均可支配收入年均实际增速为9.6%，比同时期城镇居民收入增速快1.9个百分点。

（三）农村贫困地区居民收入增速快于农村居民平均增速，农村贫困人口大幅减少

2013—2015年间，农村贫困地区居民人均可支配收入实际增速分别为13.4%、10.7%和10.3%，年均实际增速为11.5%，比同时期农村居民总体平均增速快2.8个百分点。农村贫困地区居民收入快速增长，加快了贫困人口全面脱贫的步伐，三年间农村贫困总人口由当初的9899万人，减少到2015年的5575万人，年均减少1441万人，年均脱贫率为17.4%。

（四）居民收入在国民可支配总收入中的占比逐年提高

从资金流量表数据看，2010—2013年全国居民可支配收入占国民可支配总收入比重分别为58.4%、59.3%、60.2%和61.3%，呈现逐年稳步上升趋势。2013年比2010年提高2.9个百分点，年均提升近1个百分点（见表2）。

表2 2010—2013年我国国民收入分配状况　　（单位:%）

年份	占国民可支配总收入比重		
	政府	企业	居民
2010	18.0	23.6	58.4
2011	18.8	21.9	59.3
2012	19.2	20.6	60.2
2013	18.9	19.8	61.3

资料来源:《中国统计年鉴2015》。

二、中国居民收入构成发生变化

随着我国社会主义市场经济体制的不断完善，以及政府在税收、社会保障、转移支付等方面调节力度的不断加大，我国居民收入中的转移净收入和财产净收入增长较快，工资性收入仍占主体地位。

（一）转移净收入增速快于工资性收入、经营净收入和财产净收入增速

据全国居民收支与生活状况调查显示，2015年全国居民人均工资性收入12 459元，比2013年增长19.7%，年均增长9.4%；人均经营净收入3 956元，比2013年增长15.2%，年均增长7.3%；人均财产净收入1 740元，比2013年增长22.2%，年均增长10.6%；人均转移净收入3 812元，比2013年增长25.3%，年均增长11.9%（见表3）。全国居民人均转移净收入年均增速分别比工资性收入、经营净收入、财产净收入快2.5、4.6和1.3个百分点。

表3　2013—2015年全国居民人均可支配收入构成　　（单位:元）

指标	2013年	2014年	2015年
人均可支配收入	18 311	20 167	21 966
一、工资性收入	10 411	11 421	12 459
二、经营净收入	3 435	3 732	3 956
三、财产净收入	1 423	1 588	1 740
四、转移净收入	3 042	3 427	3 812

资料来源：全国居民收支与生活状况调查。

（二）工资性收入仍占主体，转移净收入和财产净收入占比提高

2015年工资性收入占居民人均可支配收入比重为56.7%，仍居主体地位。与2013年相比下降0.1个百分点。转移净收入和财产净收入占比分别为17.4%和7.9%，与2013年相比分别上升了0.8和0.1个百分点。经营净收入占比为18.0%，与2013年相比下降0.8个百分点，降幅最大。

三、中国居民收入差距总体上有所缩小

近年来，全国居民收入差距呈缓慢缩小态势，城乡之间、地区之间、不同收入群体之间和行业之间收入差距均有缩小，收入基尼系数持续下降，全国居民收入分配公平程度总体上有所提高，但农村居民内部收入差距波动较大。

（一）城乡居民间收入差距缩小

按照城乡同口径人均可支配收入计算，2015年全国城乡居民人均收入比为2.73倍，比2011年的2.90倍缩小了0.17倍。2011—2015年呈逐年下降趋势（见表4）。

表4　2011—2015年城乡居民人均可支配收入比

年份	城镇居民（元）	农村居民（元）	比值（农村=1）
2011	21 427	7 394	2.90
2012	24 127	8 389	2.88
2013	26 467	9 430	2.81
2014	28 844	10 489	2.75
2015	31 195	11 422	2.73

注：2013—2015年城乡人均可支配收入来源于全国居民收支与生活状况调查，2012年及以前数据根据历史数据推算获得。

分地区看城乡差距，2015年东部、中部、西部、东北地区内城乡居民人均可支配收入比分别为2.57倍、2.46倍、2.91倍和2.38倍，西部地区内城乡差距明显高于其他地区，东北地区内城乡差距最小。

（二）地区居民间收入差距缩小

分东部、中部、西部、东北地区看，2015年东部地区居民人均可支配收入28 223元，比2013年增长19.3%，年均增长9.2%；中部地区居民人均可支配收入18 442元，比2013年增长20.8%，年均增长9.9%；西部地区居民人均可支配收入16 868元，比2013年增长21.2%，年均增长10.1%；东北地区居民人均可支配收入21 008元，比2013年增长17.4%，年均增长8.4%（见表5）。收入水平较低的西部地区居民人均可支配收入增速最快，比东部、中部、东北地区分别高0.9、0.2和1.7个百分点。2015年东部、中部、西部、东北地区全体居民人均可支配收入比为1.67:1.09:1:1.25（以西部为1），与2013年的1.70:1.10:1:1.29相比，东部与西部居民收入相对差距缩小了0.03。

表 5　2013—2015 年分地区居民人均可支配收入情况　　（单位:元）

地区	2013 年	2014 年	2015 年
全国	18 311	20 167	21 966
东部地区	23 658	25 954	28 223
中部地区	15 264	16 868	18 442
西部地区	13 919	15 376	16 868
东北地区	17 893	19 604	21 008

资料来源:全国居民收支与生活状况调查。

分城乡看地区差距,2015 年东部、中部、西部、东北地区城镇居民人均可支配收入之比为 1.39∶1.01∶1∶1.04(以西部为 1),东部地区城镇居民收入水平一枝独秀,高于其他地区 35% 以上,中部、西部和东北地区间居民收入水平十分接近。2015 年东部、中部、西部、东北地区农村居民人均可支配收入之比为 1.57∶1.20∶1∶1.26(以西部为 1),呈现较明显的由东向西阶梯式下落的特点。农村地区东、西部差距大于城镇地区东、西部差距。

从省间差距看,2015 年最高五省与最低五省居民人均可支配收入比为 2.51∶1,与 2013 年相比下降 0.07,居民人均可支配收入省间差距缩小。

(三) 不同收入群体间收入差距总体缩小,但农村内部波动较大

从五等分分组的收入情况看,2015 年全国高收入组居民人均可支配收入为 54 544 元,与 2013 年相比年均增长 7.2%;中等偏上组居民人均可支配收入为 29 438 元,与 2013 年相比年均增长 9.9%;中等收入组居民人均可支配收入为 19 320 元,与 2013 年相比年均增长 10.9%;中等偏下组居民人均可支配收入为 11 894 元,与 2013 年相比年均增长 11.0%;低收入组居民人均可支配收入为 5 221 元,与 2013 年相比年均增长 8.9%(见表 6)。中等偏下组、中等收入组、中等偏上组等中间组别居民人均可支配收入年均增速较快,高于高、低收入组居民收入增速。2015 年全国高、低收入组居民人均可支配收入之比为 10.45∶1,比 2013 年下降了 0.33。

表6 2013—2015年按五等分分组的人均可支配收入情况　　（单位：元）

分组	2013年	2014年	2015年
人均可支配收入	18 311	20 167	21 966
低收入组（20%）	4 402	4 747	5 221
中等偏下组（20%）	9 654	10 887	11 894
中等收入组（20%）	15 698	17 631	19 320
中等偏上组（20%）	24 361	26 937	29 438
高收入组（20%）	47 457	50 968	54 544

资料来源：全国居民收支与生活状况调查。

分城乡看不同收入群体间的差距,城镇高收入组与城镇低收入组人均可支配收入的比值,2015年为5.32倍,比2013年的5.84倍缩小了0.52倍,比2014年的5.49倍缩小了0.17倍;农村高收入组与农村低收入组人均可支配收入的比值,2015年为8.43倍,比2013年的7.41倍扩大了1.02倍,比2014年的8.65倍缩小了0.22倍。这表明,三年来城镇居民内部不同收入群体收入差距持续缩小,农村居民内部不同收入群体收入差距波动较大,农村居民内部收入差距大于城镇居民内部收入差距。

（四）行业职工间工资收入差距缩小

国家统计局劳动工资统计结果显示,工资水平的行业相对差距近年逐渐缩小。在国民经济行业分类的19个行业门类中,最高与最低行业平均工资之比在2011—2014年逐渐下降,分别为4.17倍、3.96倍、3.86倍和3.82倍。

2014年平均工资排名前10位的行业大类中,有7个行业具有一定程度的垄断性质,包括其他金融业、资本市场服务、航空运输业、烟草制品业、货币金融服务、石油和天然气开采业、管道运输业;有3个属于高人力资本水平行业,包括互联网和相关服务、软件和信息技术服务业、研究和试验发展。平均工资排名后10位的行业大类中,最低的5个行业属于农、林、牧、渔业和餐饮业,其余分属于制造业（包括木材加工和木、竹、藤、棕、草制品业,皮革、毛皮、羽毛及其制品和制鞋业）以及公共设施管理业,农、林、牧、渔服务业和其他服务业。这些情况表明,平均工资排名靠前行业的就业人员普遍具有较高的受教育程度,或具有一定程度的垄断性质;平均工资排名靠后的行业则属于典型的低端劳动密集型行业,人力资本水平较低。

(五)全国居民人均可支配收入基尼系数逐年有所下降

基尼系数是国际上通用的衡量收入分配不平等程度的主要指标。2012年,国家统计局进行城乡住户调查一体化改革,建立了城乡统一的收入指标体系,抽选了城乡统一的调查样本。结合摸底调查得到的基本信息、农民工专项调查数据以及个人所得税资料等,国家统计局对历年城乡居民收入分户调查数据进行口径调整,对农民工收入不完整和城镇高收入户比重过低的问题进行了校准,在此基础上测算了 2012 年及以前全国居民可支配收入基尼系数。2012年后,使用居民收支与生活状况调查(即城乡一体化住户调查)数据测算当年全国居民可支配收入基尼系数。

从表 7 可以看出,2011—2015 年我国居民人均可支配收入基尼系数分别为 0.477、0.474、0.473、0.469 和 0.462,呈现逐年缓慢下降态势。

表 7 2011—2015 年全国居民可支配收入基尼系数

	2011 年	2012 年	2013 年	2014 年	2015 年
基尼系数	0.477	0.474	0.473	0.469	0.462

资料来源:《中国住户调查年鉴 2015》。

近五年我国居民收入分配差距缩小,与农民工规模扩大、工资上升,以及粮食产量增加、价格波动上涨等带来农村居民收入快速增长密切相关,是国家出台多项惠民政策、增加农业生产补贴、实施精准扶贫、完善社会保障体系、提高个税起征点、不断扩大中低收入群体收入水平、努力调整收入分配格局取得的积极效果。

四、中国居民收入基尼系数在国际上仍处于较高水平

经济合作与发展组织(OECD)公布的数据显示,2011 年,34 个 OECD 成员国居民收入基尼系数平均为 0.314。有 15 个国家的基尼系数在 0.3 以下,有 16 个国家在 0.3—0.4 之间,只有 3 个国家在 0.4 以上。世界银行公布的数据显示,自 2005 年以来,中、东欧国家的基尼系数不到 0.3;亚洲国家除菲律宾、马

来西亚外基尼系数基本都低于0.4；一些非洲和拉美国家的基尼系数在0.5以上。在五个金砖国家官方发布的数据中，南非的基尼系数最高，为0.640；巴西次之，为0.500；中国为0.462（2015年），俄罗斯为0.420；印度最低，在0.4以下（见表8）。

表8 部分国家的居民收入基尼系数比较

国家	年份	税前基尼系数	税后基尼系数	调节力度（%）
美国	2010	0.499	0.380	－23.80
英国	2010	0.523	0.341	－34.80
德国	2010	0.492	0.286	－41.90
法国	2010	0.505	0.303	－40.00
意大利	2010	0.503	0.319	－36.60
加拿大	2010	0.447	0.320	－28.40
日本	2010	0.488	0.336	－31.10
巴西	2012	—	0.500	—
俄罗斯	2012	—	0.420	—
南非	2009	—	0.640	—
印度	2010	—	0.339	—

资料来源：印度的全国数据来源于世界银行数据库，其他金砖国家数据来源于《金砖国家联合统计手册》，七国集团国家数据来源于OECD数据库。

国际组织和有关国家计算基尼系数的方法不尽相同，有的使用税前收入，有的使用税后收入，有的使用调整收入，有的使用消费支出，计算结果不完全可比。比如，2010年美国居民税前货币收入基尼系数为0.499，税后货币收入基尼系数为0.380。印度使用消费支出计算基尼系数，一般偏低。世界银行网站发布的2007年中国基尼系数为0.425，使用的是购买力平价调整后的收入。国家统计局公布的基尼系数，是使用税后未经购买力平价调整的人均可支配收入计算的。

从国际比较看，我国居民收入基尼系数近年来尽管趋于下降，但仍处于较高水平，表明当前我国居民收入分配不均等程度还比较高。究其原因，主要是目前我国的城乡二元结构还比较明显，地区发展还很不平衡，不同收入群体间的收入差距较大。尤其在农村内部，地区间差距和不同收入群体间的差距比较突出，明显大于城镇地区。它也与目前我国所处的发展阶段有关。

从表8可以看出，一些发达国家税前收入基尼系数都比较高，多数国家在0.5左右，但经过税收调节，其税后收入基尼系数都会明显下降，下降程度达十几个百分点，调节力度约为30%—40%。据有关研究人员测算，我国初次分配收入的不平等程度在数值上与OECD国家相差不大，但我国居民收入再分配后基尼系数比初次分配仅下降几个百分点，调节力度只有百分之十几，小于OECD国家下降幅度。一些学者的研究结果表明，间接税一般对收入差距起扩大作用，直接税一般对收入差距起缩小作用，我国直接税在税收总收入中占比偏少，未能很好地发挥缩小收入差距的主导作用。目前，我国已经建立了较全面的社会保障制度，但是社保水平还比较低。比如，农村居民原有的基本养老金标准只有55元/月，2015年提高到70元/月，这仅占当年农村居民平均消费的9%左右，占当年农村居民贫困标准的30%左右，总体保障标准偏低，对缩小收入差距的作用有限。需要继续加大税收、社会保障、转移支付等对收入差距的调节力度，切实推进收入分配制度改革，进一步缩小居民收入分配差距，促进社会更加公平正义。

7. 中国经济结构的变化与面临的挑战[*]

许宪春等[**]

【摘要】 本文阐述我国产业结构、需求结构、区域结构、收入分配结构和对外贸易结构等重要经济结构发生的变化;探讨这些重要的经济结构面临的严峻挑战;针对这些挑战提出相应的政策建议。

经济结构问题既是我国当前经济发展中面临的突出问题,也是我国长期的经济发展战略问题。近年来,在一系列经济结构调整政策措施的作用下,我国产业结构、需求结构、区域结构、收入分配结构、对外贸易结构等重要经济结构正在发生积极的变化。但是,目前我国经济结构仍然面临比较严峻的挑战。本文利用最新统计数据对我国经济结构发生的变化和面临的挑战进行研究,对经济结构的进一步调整提出一些思考和建议。

一、我国重要经济结构正在发生积极变化

由于历史的、自然的等多方面的原因,长期以来,我国经济结构存在一些比较突出的矛盾。例如,产业结构方面存在第三产业发展滞后的矛盾;需求结构方面存在消费需求不足、过度依赖投资需求和出口需求的矛盾;区域结构方面

---

[*] 本文为中央党校省部班(第57期)"战略思维与领导能力"研究专题第四课题组课题研究报告的修改版。该课题组组长、执笔人:许宪春;课题组成员:张彦珍、王新宪、姚爱兴;本文修改:许宪春。本文发表于《国家行政学院学报》2015年第6期。

[**] 许宪春,国家统计局副局长;张彦珍,司法部副部长;王新宪,中国残疾人联合会副主席;姚爱兴,宁夏回族自治区政府副主席。

存在中西部地区经济发展落后于东部地区的矛盾;收入分配结构方面存在居民收入比重偏低、居民收入差距过大的矛盾;对外贸易结构方面存在服务贸易发展严重滞后的矛盾;等等。

党中央、国务院高度重视我国经济结构调整问题。党的十八大报告把推进经济结构的战略性调整作为加快转变经济发展方式的主攻方向。党的十八届三中全会通过的《中共中央关于全面深化改革若干重大问题的决定》把促进重大经济结构协调作为宏观调控的主要任务之一。党的十八届五中全会通过的《中共中央关于制定国民经济和社会发展第十三个五年规划的建议》在"全面建成小康社会决胜阶段的形势和指导思想"部分强调,"必须坚持以经济建设为中心,从实际出发,把握发展特征,加大结构性改革力度,加快转变经济发展方式,实现更高质量、更有效率、更加公平、更加可持续的发展";在"'十三五'时期经济社会发展的主要目标和基本理念"部分提出"十三五"时期服务业比重进一步上升,消费对经济增长贡献明显加大的要求;在"坚持协调发展,着力形成平衡发展结构"部分提出推动区域、城乡协调发展的要求;在"坚持开放发展,着力实现合作共赢"部分提出加快对外贸易优化升级、巩固出口市场份额、发展服务贸易的要求;在"坚持共享发展,着力增进人民福祉"部分提出持续增加城乡居民收入、调整国民收入分配格局、缩小收入差距的要求。

近年来,在一系列调整经济结构政策措施的作用下,我国产业结构、需求结构、区域结构、收入分配结构、对外贸易结构等重要经济结构正在发生积极的变化。

(一) 产业结构正在发生积极变化

产业结构包括不同层级的产业结构,包括三次产业结构、国民经济行业结构、工业结构等。

1. 第三产业比重超过第二产业

三次产业结构指的是第一、第二、第三产业增加值占国内生产总值(GDP)的比重。图1给出了改革开放以来我国三次产业结构的变化情况。① 从图中可以看出,改革开放以来,我国第三产业比重呈上升的走势,但是,2012年以前始

---

① 这是经过第三次经济普查修订后的三次产业结构变化情况。

终低于第二产业。2012年第三产业比重为45.5%,第二产业比重为45.0%,第三产业比重第一次超过第二产业。2013年和2014年,第三产业比重分别上升到46.9%和48.2%,第二产业比重分别回落到43.7%和42.6%。2014年第三产业比重已经超过第二产业5.6个百分点。

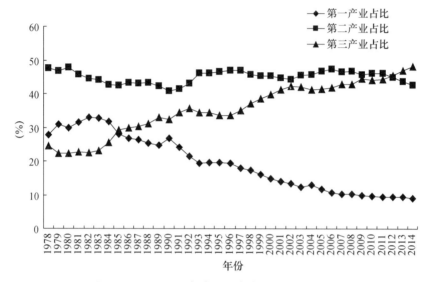

图1　1978—2014年我国三次产业结构的变化情况

2015年前三季度,第三产业增加值同比增长8.4%,增速比第二产业快2.4个百分点;第三产业比重为51.4%,比上年同期提高2.3个百分点,比第二产业高10.8个百分点。

三次产业结构的这种变化具有非常重要的意义,它标志着我国经济增长长期由第二产业主导加快向第三产业主导转变。第三产业具有资源消耗低、环境污染小、吸纳就业能力强等特点。因此,我国三次产业结构的这种变化有利于降低资源消耗和环境污染,有利于提高就业水平,有利于提高经济增长质量和效益,有利于改善民生。

2. 工业中高技术产业和装备制造业比重上升

近年来,在推动战略性新兴产业、先进制造业发展,淘汰落后产能等一系列政策的作用下,规模以上工业[①]结构呈现出积极变化,技术密集型的高技术产

---

①　规模以上工业指年主营业务收入2 000万元及以上工业企业。

业、装备制造业比重上升,高耗能行业、采矿业比重下降。高技术产业的比重从2011年开始逐年上升,由2010年的8.9%上升到2014年的10.6%,2015年前三季度上升到11.6%;装备制造业的比重从2013年开始逐年上升,从2012年的28.2%上升到2014年的30.4%,2015年前三季度上升到31.4%;高耗能行业的比重从2012年开始逐年下降,从2011年的30.7%下降到2014年的28.4%,2015年前三季度下降到28.2%;采矿业的比重从2013年开始逐年下降,从2012年的13.9%下降到2014年的11%,2015年前三季度下降到8.8%(见图2)。

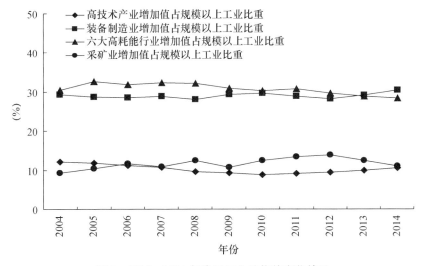

图2 2004—2014年我国工业结构的变化情况

3. 战略性新兴服务业、高技术服务业、文化及相关产业服务业快速发展

2015年前三季度,在经济下行压力较大的情况下,规模以上战略性新兴服务业营业收入同比增长11.9%,其中新材料推广服务和专业化设计服务行业营业收入分别增长21.3%和15.0%;规模以上高技术服务业营业收入增长8.9%,其中互联网信息服务行业营业收入增长24.2%,信息系统集成服务行业营业收入增长10.5%;文化及相关产业服务业营业收入增长11.4%,其中电影放映营业收入增长31.8%,会议及展览服务行业营业收入增长15.4%。

(二) 需求结构正在发生积极变化

近些年来,我国三大需求结构正在发生积极的变化。2011—2014年,最终消费支出占支出法GDP的比重,即消费率,呈上升的走势;2012—2014年,资本形成总额占支出法GDP的比重,即投资率,呈回落的走势;2008—2014年,货物和服务净出口占支出法GDP的比重,即净出口率,呈回落的走势。我国经济增长过度依赖投资需求和出口需求的格局正在发生变化。

从图3可以看出,1983—2010年,我国消费率呈波动下降的走势,尤其是2000—2010年,基本上呈逐年下降的走势。1983年消费率为67.4%,2000年为63.7%,2010年为49.1%。2010年消费率比1983年下降18.3个百分点,比2000年下降14.6个百分点。2011—2014年消费率呈逐年回升的走势,从2010年的49.1%回升到2014年的51.4%,4年回升2.3个百分点,平均每年回升0.6个百分点。

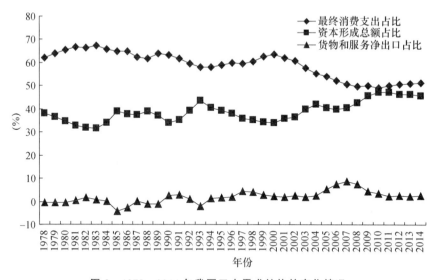

图3 1978—2014年我国三大需求结构的变化情况

1983—2011年,我国投资率呈波动上升的走势,尤其是2000—2011年,上升的幅度比较明显。1983年投资率为31.7%,2000年为33.9%,2011年为47.3%。2011年投资率比1983年上升15.6个百分点,比2000年上升13.4个百分点。2000—2011年平均每年上升1.2个百分点。2012—2014年投资率呈回落的走势,从 2011 年的 47.3% 回落到 2014 年的 45.9%,3 年回落了 1.4 个百分点,平均每年回落 0.5 个百分点。

1985—2007 年,我国净出口率呈波动上升的走势,1985 年净出口率为 －4.0%,2007 年达到改革开放以来,也是我国 1952 年有支出法 GDP 数据以来的最大值 8.7%。期间,我国净出口率曾经由负值在波动中上升到 1997 年的峰值 4.5%,亚洲金融危机爆发之后逐年回落,到 2001 年回落至 2.1%。加入 WTO 之后,尤其是 2004—2007 年,我国净出口率明显上升,从 2001 年的 2.1% 上升到 2007 年的 8.7%。国际金融危机爆发以后的 2008—2011 年,我国净出口率逐年回落,由 2007 年的 8.7% 回落到 2011 年的 2.5%,2012—2014 年,我国净出口率分别为 2.7%、2.5% 和 2.7%,保持稳定。

(三) 区域结构正在发生积极变化

1. 中西部地区生产总值比重呈上升走势

中西部地区经济发展落后于东部地区是我国经济发展不平衡突出的结构性矛盾之一。从图 4 可以看出,从改革开放初期到 2006 年,我国东部地区经济增速在大多数年份都高于中部和西部地区。在西部开发、东北振兴、中部崛起等区域发展战略的驱动下,从 2007 年开始,西部地区经济增速超过东部地区;

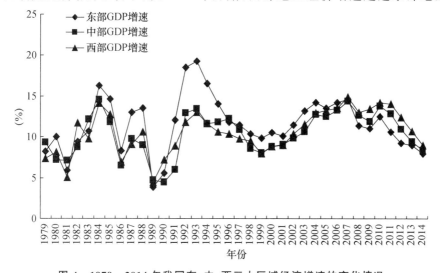

图 4　1979—2014 年我国东、中、西三大区域经济增速的变化情况

从2008年开始,中部地区经济增速超过东部地区。因此,从改革开放初期到2006年,东部地区生产总值占全国各地区生产总值合计的比重呈上升的走势,中部地区的比重呈下降的走势。从2007年开始,东部地区的比重呈回落的走势,中部地区的比重呈上升的走势。从改革开放初期到2005年,西部地区的比重呈下降的走势,从2006年开始,西部地区的比重呈上升的走势(见图5)。

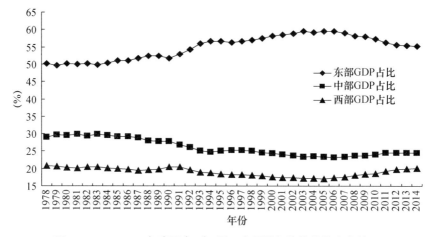

图5　1978—2014年我国东、中、西三大区域经济结构的变化情况

2. 东部地区经济最发达省份与西部地区经济最不发达省份人均GDP的相对差距在明显缩小

从图6可以看出,1993—2000年,东部地区经济最发达省份与西部地区经济最不发达省份人均GDP的相对差距呈上升的走势,从1993年的9∶1上升到2000年的10.9∶1。2001—2014年,东部地区经济最发达省份与西部地区经济最不发达省份人均GDP的相对差距呈回落的走势,尤其是2005—2014年,呈逐年明显回落的走势,从2004年的10.4∶1回落到2014年的4∶1。显然,东部地区经济最发达省份与西部地区经济最不发达省份人均GDP的相对差距在明显缩小。

(四) 收入分配结构正在发生积极变化

本文所讲的收入分配结构主要包括两个方面:一方面是指国民可支配收入在居民、企业和政府之间的分配结构,另一方面是指居民收入分配差距。

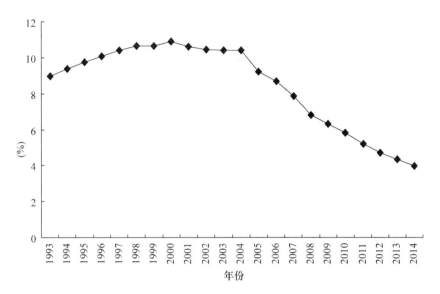

图 6　1993—2014 年东部地区经济最发达省份与西部地区经济最不发达省份人均 GDP 之比

在我国,国民可支配收入在居民、企业和政府之间的分配是通过国民经济核算中的资金流量表核算的。资金流量表把收入分配区分为初次分配和再分配。初次分配形成居民、企业和政府的初次分配收入;再分配形成居民、企业和政府的可支配收入。居民、企业和政府的可支配收入之和就是国民可支配收入[①],用公式表示就是:

国民可支配收入 = 居民可支配收入 + 企业可支配收入 + 政府可支配收入

所以,资金流量表反映了我国国民可支配收入是如何在居民、企业和政府之间进行分配,以及通过这种分配所形成的三者之间的分配结构的。

居民收入分配差距包括城乡之间、区域之间、城市内部、农村内部的居民收入分配差距,这种收入分配差距是通过住户调查来反映的。

1. 居民可支配收入比重呈回升的走势

从图 7 可以看出,1997—2008 年,居民可支配收入占国民可支配收入的比

---

① 在资金流量表中,居民、企业、政府的可支配收入和国民可支配收入都包括可支配总收入和可支配净收入,两者之间的差别在于前者包括固定资产折旧,后者不包括固定资产折旧。本文中涉及的所有可支配收入均指可支配总收入。

重呈下降的走势,从1996年的69.0%下降到2008年的57.2%,下降了11.8个百分点;企业可支配收入和政府可支配收入占国民可支配收入的比重呈上升的走势,从1996年的16.4%和14.6%上升到2008年的24.5%和18.3%,分别上升了8.1和3.7个百分点;2009—2013年,在加强社会保障和提高居民收入一系列收入分配政策的作用下,居民可支配收入比重呈回升的走势,从2008年的57.2%回升到2013年的61.3%,回升了4.1个百分点;企业可支配收入比重呈回落的走势,从2008年的24.5%回落到2013年的19.8%,回落了4.7个百分点。

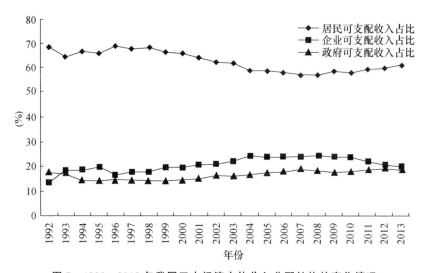

图7　1992—2013年我国三大经济主体收入分配结构的变化情况

由于资料来源方面的原因,我国2014年资金流量表还没有编制出来,所以从资金流量表还看不到这一年国民可支配收入在居民、企业和政府之间分配结构的变化情况。但是,从GDP核算数据和住户调查数据可以看出,2014年收入分配进一步明显向居民倾斜。2014年,住户调查提供的全国居民人均可支配收入实际增长8.0%,GDP实际增长7.3%,前者比后者高出0.7个百分点。因此可以判定,2014年居民可支配收入比重进一步提高。

2. 居民收入相对差距呈缩小的走势

下面从城乡居民收入增速、城乡居民收入相对差距和居民收入基尼系数三个方面阐述居民收入相对差距呈缩小的走势。

(1) 农村居民收入增速高于城镇居民收入增速。从图8可以看出,1979—1988年,由于农村家庭联产承包责任制改革极大地调动了农民生产积极性,除个别年度外,农村居民人均纯收入增速均高于城镇居民人均可支配收入增速;1989—2009年,城市改革推动了城镇居民增收,除极少数年份外,城镇居民人均可支配收入增速高于农村居民人均纯收入增速;2010—2014年,由于一系列惠农政策的作用,包括取消农业税、对农业生产给予各种补贴、建立农村社会保障制度,以及农民工工资水平保持较快增长,农村居民人均纯收入增速又高于城镇居民人均可支配收入增速。

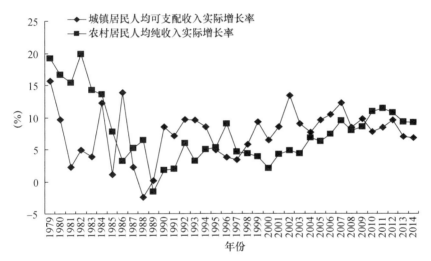

图8 1979—2014年城镇居民人均可支配收入、农村居民人均纯收入实际增长率

(2) 城乡居民收入相对差距呈缩小的走势。从图9可以看出,2001—2009年,城乡居民收入比,即城镇居民人均可支配收入与农村居民人均纯收入之比,呈上升的走势,从2000年的2.79上升到2009年的3.33,达到峰值;2010—2014年,城乡居民收入比呈回落的走势,从2009年的3.33回落至2014年的2.97。可见,2010年之后,城乡居民收入相对差距在逐步缩小。

(五)居民收入基尼系数在回落

从图10可以看出,2005—2008年,我国居民收入基尼系数呈上升的走势,从2004年的0.473上升到2008年的0.491;2009—2014年,居民收入基尼系数呈回落的走势,从2008年的0.491回落到2014年的0.469,说明从2009年

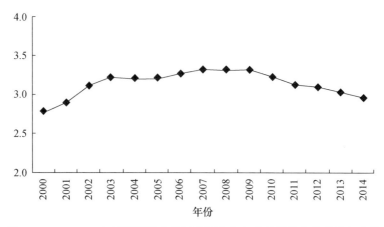

图 9　2000—2014 年城镇居民人均可支配收入与农村居民人均纯收入之比

开始,我国居民收入相对差距在缩小。

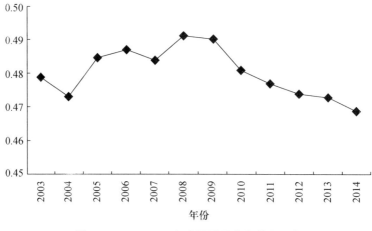

图 10　2003—2014 年我国居民收入基尼系数

(六) 对外贸易结构正在发生积极变化

我国对外贸易结构发生变化的突出特点之一是技术密集型行业超过劳动密集型行业成为主要出口工业。从 2014 年主要出口行业的出口交货值看,技术密集型的装备制造业出口交货值占规模以上工业出口交货值的比重达到 64.5%,已经成为我国的主要出口工业,比重远远超过传统的纺织、轻工等劳动密集型出口行业。2014 年,前 10 大出口行业中,技术密集型的电子、装备类新兴行业出口增速均较上年加快:计算机、通信和其他电子设备制造业出口交货值增长5.8%,加快0.2个百分点;电气机械和器材制造业增长6.1%,加快3.9个百分点;通用设备制造业增长2.4%,加快1.9个百分点;金属制品业增长8.7%,加快3.8个百分点。劳动密集型的纺织类传统行业出口增速较上年均回落:纺织服装、服饰业增长3.0%,回落4.4个百分点;纺织业增长1.0%,回落6.3个百分点;皮革、毛皮、羽毛及其制品和制鞋业增长5.7%,回落0.1个百分点。

二、我国经济结构仍然面临比较严峻的挑战

从本文前一部分可知,在一系列经济结构调整政策措施的作用下,近年来,我国产业结构、需求结构、区域结构、收入分配结构、对外贸易结构等重要经济结构正在发生积极的变化。但是,目前我国经济结构仍然面临比较严峻的挑战。

(一) 产业结构面临的挑战

1. 第三产业比重依然明显偏低

从本文前一部分可知,改革开放以来,我国第三产业比重呈上升的走势,2012年第一次超过第二产业,2014年达到48.2%,超过第二产业5.6个百分点。这是我国产业结构调整取得的突出成绩。但是,我国第三产业比重依然明显偏低,与高收入国家和世界平均水平相比,还有相当大的差距,即使与我国目前所在的中上收入国家的平均水平相比,仍然存在不小的差距。

从表1可以看出,2012年,高收入国家第三产业比重为73.7%,世界平均水平为70.2%;2013年,中低收入国家第三产业比重为55.1%,中等收入国家为55.2%,中上收入国家为55.6%。目前,我国第三产业比重低于高收入国家25个百分点以上,低于世界平均水平20多个百分点,低于中上收入国家7个多百分点。

表1　2013年世界三次产业构成　　　　　　　　　（单位:%）

	三次产业构成		
	第一产业	第二产业	第三产业
世界	3.08*	26.75*	70.18*
高收入国家	1.48*	24.82*	73.71*
中低收入国家	10.41	34.57	55.07
中等收入国家	10.02	34.84	55.18
中上收入国家	7.65	36.73	55.63
中下收入国家	17.04	32.12	51.06
低收入国家	25.80	23.63	50.50

注:* 2012年数据。
资料来源:世界银行发展指标数据库。

2. 高技术产业比重依然偏低,高耗能行业比重依然偏高

从本文前一部分可知,高技术产业占我国规模以上工业的比重从2011年开始逐年上升,但到2014年也只有10.6%;高耗能行业占规模以上工业的比重从2012年开始逐年下降,但到2014年仍有28.4%。高技术产业比重低,表明我国工业的技术含量不高,创新能力不强。高耗能行业比重偏高是我国能源消耗大、二氧化碳排放强度高最重要的原因。根据第三次经济普查之后修订的数据,2013年六大高耗能行业的能源消费占规模以上工业能耗的比重达79.8%,规模以上工业能耗占全部工业能耗的比重为94.2%,全部工业能耗占全社会能源消费总量的比重为69.8%。因此,全社会能源消费总量的一半以上是高耗能行业消费的。能耗是二氧化碳的主要排放源,我国二氧化碳排放强度高,高耗能行业比重大是最重要的原因。

(二) 需求结构面临的挑战

从本文前一部分可知,2011—2014年,我国消费率呈回升的走势;2012—2014年,我国投资率呈回落的走势;2008—2014年,我国净出口率呈回落的走势。我国经济增长过度依赖投资需求和出口需求的格局正在发生变化。但是,2014年,我国消费率仍仅为51.4%,比改革开放初期1983年的67.4%低16.0个百分点,比2000年的63.7%低12.3个百分点。2014年,我国投资率仍高达45.9%,比1983年的31.7%高出14.2个百分点,比2000年的33.9%高出

12.0个百分点。

从表2可以看出,2013年,世界平均消费率高达77.6%,高收入国家消费率高达79.1%,中等收入国家消费率为69.8%,中上收入国家消费率为68.3%。我国消费率比世界平均水平低25个百分点以上,比高收入国家低27个百分点以上,比中等收入国家低18个百分点以上,比中上收入国家低16个百分点以上。所以,无论是历史上的纵向比较,还是与世界平均水平、高收入国家、中等收入国家、中上收入国家的横向比较,我国目前的消费率都是相当低的。

表2 2013年世界三大需求构成

	投资率	消费率	净出口率
世界	22.28	77.59	0.13
高收入国家	20.42	79.14	0.44
中低收入国家	31.04	70.27	-1.31
中等收入国家	31.17	69.82	-0.99
中上收入国家	31.56	68.26	0.18
中下收入国家	25.45	78.64	-4.09
低收入国家	26.07	88.32	-14.39

资料来源:世界银行发展指标数据库。

2013年,世界平均投资率仅为22.3%,高收入国家投资率仅为20.4%,中等收入国家投资率为31.2%,中上收入国家投资率为31.6%。我国投资率比世界平均水平高出一倍以上,比高收入国家高出25个百分点以上,比中等收入国家和中上收入国家高出14个百分点以上。所以,无论是历史上的纵向比较,还是与世界平均水平、高收入国家、中等收入国家、中上收入国家的横向比较,我国目前的投资率都是相当高的。

所以,消费率偏低、投资率偏高仍然是我国需求结构面临的重大挑战。消费需求对经济增长的带动能力不足,经济增长仍然过度依赖投资需求。

(三)区域结构面临的挑战

从本文前一部分可知,在西部开发、东北振兴、中部崛起等区域发展战略的驱动下,从2006年开始,西部地区比重呈上升的走势;从2007年开始,中部地区比重呈上升的走势。但是到目前为止,中西部地区与东部地区经济发展还存在相当大的差距。这一点,从东部地区经济最发达省份与西部地区经济最不发达省份人均 GDP 的绝对差距可以看得更加清楚。

2001—2014 年,东部地区经济最发达省份与西部地区经济最不发达省份人均 GDP 的相对差距呈回落的走势,从 2000 年的 10.9∶1 回落到 2014 年的 4∶1,回落得相当明显。但是,从人均 GDP 的绝对差距来看,却呈明显的扩大走势。2000 年,上海人均 GDP 为 30 047 元,贵州人均 GDP 为 2 759 元,两者相差 27 288 元;2014 年,上海人均 GDP 为 97 343 元,贵州人均 GDP 为 26 393 元,两者相差 70 950 元。2014 年贵州人均 GDP 与上海人均 GDP 的绝对差是 1993 年的 2.6 倍。显然,东部地区经济最发达省份与西部地区经济最不发达省份人均 GDP 的绝对差距明显扩大。

在中西部地区与东部地区经济发展还存在相当大的差距的同时,中西部地区在发展过程中又遇到了其他发展中国家的挑战。由于劳动力成本上升,中西部地区在承接东部地区产业转移的过程中遇到了劳动力成本更低的东南亚等发展中国家的残酷竞争。因此,我国中西部地区发展又遇到新的难题。

(四)收入分配结构面临的挑战

从本文前一部分可知,2009—2014 年,在加强社会保障和提高居民收入等一系列收入分配政策措施的作用下,居民可支配收入比重呈回升的走势。但是,与 20 世纪 90 年代居民可支配收入比重最高的年份相比,仍然存在 7—8 个百分点的差距。

从表 3 可以看出,我国居民可支配收入比重低于发达国家,尤其是明显低于美国和澳大利亚。其他发达国家的居民可支配收入比重虽然并没有明显高于我国,但这些国家往往是高福利国家,政府可支配收入中有相当一部分用于居民福利方面的开支,比如免费教育、免费医疗等。实际上是政府为居民提供了大量的实物社会转移,这些实物社会转移的享受者是居民。按照国民经济核算国际标准,这些实物社会转移形成居民的实际可支配收入。因此,这些国家的居民实际可支配收入比重明显高于居民可支配收入比重。我国不属于高福利国家,政府虽然也为居民提供了一定数量的实物社会转移,但没有高福利国家提供的那么多。所以,我国居民实际可支配收入比重要明显低于发达国家。

表3 居民、企业和政府可支配收入占国民可支配收入的比重 （单位：%）

国家	年份	居民	企业	政府	误差项
澳大利亚	2012	68.5	12.1	19.4	0.0
	2011	68.2	13.4	18.5	−0.1
加拿大	2012	62.5	14.1	23.2	0.2
	2011	62.3	14.7	22.9	0.2
法国	2011	64.8	8.5	21.7	5.0
	2010	65.3	9.5	20.4	4.8
德国	2012	64.0	11.2	20.3	4.5
	2011	63.7	12.1	19.5	4.7
意大利	2012	66.3	9.5	19.1	5.0
	2011	67.1	9.5	18.5	4.9
日本	2012	64.3	20.6	15.1	0.0
	2011	64.7	20.6	14.6	0.1
英国	2012	65.0	12.4	15.5	7.2
	2011	62.8	15.5	15.7	6.0
美国	2012	75.4	13.2	10.0	1.4
	2011	76.2	13.5	9.7	0.7
巴西	2009	64.5	10.8	20.0	4.7
	2008	62.1	12.1	20.5	5.3
中国	2011	61.0	16.9	19.3	2.9
	2010	60.8	18.0	18.5	2.6
印度	2011	89.0	—	10.7	0.3
	2010	81.0	—	11.3	7.8
俄罗斯	2011	58.4	11.1	27.9	2.5
	2010	62.6	11.2	23.6	2.6
南非	2012	59.8	11.7	19.3	9.1
	2011	58.5	13.1	20.1	8.3

资料来源：联合国国民经济核算数据库，OECD数据库。

从本文前一部分可知，2010—2014年，城乡居民收入相对差距在逐步缩小，城乡居民收入比从2009年的3.33缩小到2014年的2.97。但是，随着城乡居民收入绝对量的增大，相对收入差距在缩小的同时绝对收入差距还在明显扩大。2009年，农村居民人均纯收入为5 153元，城镇居民人均可支配收入为17 175元；2014年，农村居民人均纯收入为9 892元，城镇居民人均可支配收入为29 381元。① 2009年城镇居民人均可支配收入与农村居民人均纯收入之差为12 022元,2014年为19 489元,后者是前者的1.6倍。

从本文前一部分可知,2009—2014年,我国居民收入基尼系数逐年缩小,从2008年的0.491缩小到2014年的0.469。国际上并没有一个组织或教科书给出最适合的基尼系数标准,但有不少学者认为基尼系数小于0.2时,居民收入过于平均,位于0.2—0.3之间时较为平均,位于0.3—0.4之间时比较合理,位于0.4—0.5之间时差距过大,大于0.5时差距悬殊。目前的居民收入基尼系数表明我国居民收入差距仍然过大。

(五) 对外贸易结构面临的挑战

1. 服务贸易发展严重滞后

我国服务贸易出口发展严重滞后于货物贸易出口。从图11和图12可以看出,1995—2014年,我国服务贸易出口占货物和服务贸易出口的比重呈下降的走势,并且始终低于我国服务贸易进口占货物和服务贸易进口的比重。因此,我国服务贸易持续逆差,而且逆差不断扩大。我国是货物贸易顺差大国,同

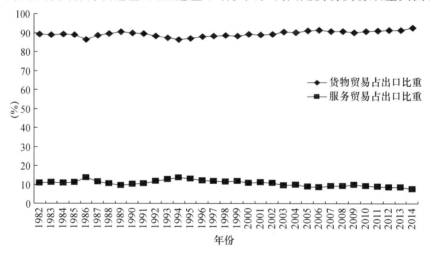

图11 1982—2014年我国货物贸易、服务贸易出口占货物和服务贸易出口比重

---

① 为了保持与2009年指标的可比性,这里的城镇居民人均可支配收入使用的是城乡住户调查一体化改革前城镇住户调查的老口径指标,一体化改革以后的2014年城镇居民人均可支配收入为28 844元。

时也是服务贸易逆差大国,充分说明我国货物贸易与服务贸易发展不平衡,对外贸易结构性矛盾尖锐。

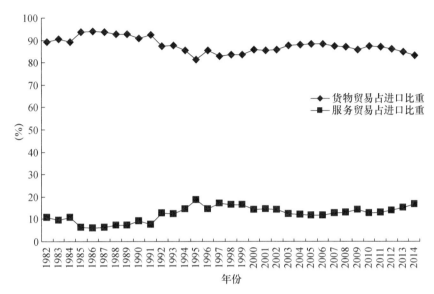

图 12 1982—2014 年我国货物贸易、服务贸易进口占货物和服务贸易进口比重

从表 4 可以看出,我国服务贸易出口占货物和服务贸易出口的比重不仅远低于发达国家,甚至远低于其他金砖国家,这充分说明我国服务贸易出口与发达国家和其他金砖国家的差距。

表 4 世界主要国家货物贸易、服务贸易占进口、出口比重 (单位:%)

国家	2012 年				2013 年			
	进口		出口		进口		出口	
	货物贸易	服务贸易	货物贸易	服务贸易	货物贸易	服务贸易	货物贸易	服务贸易
发达国家								
美国	84.9	15.1	71.0	29.0	84.5	15.5	70.5	29.5
日本	83.5	16.5	84.9	15.1	83.8	16.2	83.2	16.8
英国	79.8	20.2	62.1	37.9	79.1	20.9	65.1	34.9
法国	79.5	20.5	72.5	27.5	78.4	21.6	71.3	28.7
德国	79.8	20.2	84.1	15.9	79.1	20.9	83.5	16.5
意大利	82.4	17.6	82.8	17.2	81.7	18.3	82.5	17.5

(续表)

国家	2012年				2013年			
	进口		出口		进口		出口	
	货物贸易	服务贸易	货物贸易	服务贸易	货物贸易	服务贸易	货物贸易	服务贸易
加拿大	81.9	18.1	85.4	14.6	81.9	18.1	85.5	14.5
澳大利亚	80.5	19.5	83.1	16.9	79.6	20.4	82.9	17.1
金砖国家								
中国	86.6	13.4	91.5	8.5	85.6	14.4	91.4	8.6
印度	79.2	20.8	67.1	32.9	78.6	21.4	67.2	32.8
巴西	75.0	25.0	86.4	13.6	75.0	25.0	86.6	13.4
俄罗斯	76.3	23.7	90.1	9.9	73.5	26.5	88.9	11.1
南非	88.1	11.9	87.2	12.8	88.6	11.4	87.6	12.4

资料来源：世界贸易组织数据库。

2. 货物贸易出口受发达国家和发展中国家的双重挤压

改革开放之后，特别是加入 WTO 之后，我国货物贸易出口驱动经济强劲增长的优势主要来自三个方面：技术引进、人口红利和成本优势。通过引进发达国家的技术，劳动力从农业向制造业及服务业转移，以低成本优势参与国际竞争，是我国货物贸易出口驱动力的主要来源。国际金融危机爆发之后，美欧等发达国家再工业化导致高端制造业向发达国家回流；我国劳动力成本的不断上升，导致低端制造业向劳动力成本低的东南亚国家转移。这是我国对外贸易面对的又一突出的结构性矛盾。

三、关于我国经济结构调整的一些思考和建议

针对我国经济结构面临的严峻挑战，提出以下一些思考和建议。

(一) 关于产业结构调整

1. 继续加大推动第三产业发展的力度，解决我国第三产业发展滞后的问题

由于我国第三产业发展依然滞后，因此必须继续加大推动第三产业发展的力度，尤其是加大推动那些存在短板、供给严重不足的服务业，例如高技术服

务、医疗服务、养老服务、健康服务、环境治理服务(包括水污染治理、土地污染治理、大气污染治理)的发展力度,这既有利于促进经济结构的调整和经济发展方式的转变,又有利于改善民生,同时,在当前经济下行压力较大,产能过剩和需求不足导致工业增速不断放缓的情况下,这也是稳定经济增长的重要举措。

2. 努力保持三次产业的协调发展

我国第二产业比重较高,有一定的必然性。我国制造业生产了大量的出口产品,使我国成为制造业大国,成为世界工厂,这对改革开放三十多年我国经济的高速增长做出了重要贡献,对于解决我国就业问题、增加国民财富、提高人民生活水平起到了重要作用,也为我国第三产业发展奠定了基础。我们在加快第三产业发展的同时,决不能忽略制造业的发展,不能忽略第二产业的发展,否则第三产业就会失去稳定发展的基础。只有实现三次产业的协调发展,才能实现第三产业的可持续发展。

3. 三次产业都需要通过创新发展

经过三十多年的高速发展,我国的经济环境发生了巨大变化。我国三次产业都不可能再依赖于传统的发展模式,靠拼资源、拼低成本的劳动力实现发展,都需要转变经济发展方式,都需要通过创新获得新的发展动力。

(二) 关于需求结构调整

1. 努力扩大消费需求,进一步提高消费需求对经济增长的贡献率

针对我国消费率偏低、投资率偏高、消费需求对经济增长的带动能力不足、经济增长仍然过度依赖投资需求和出口需求的问题,必须努力扩大消费需求,进一步提高消费需求对经济增长的贡献率。

2. 充分发挥投资在推动区域协调发展、城乡协调发展、产业结构优化和民生改善等方面的重要作用

全面建成小康社会,实现可持续发展,需要解决我国经济发展中区域之间、城乡之间不平衡的问题,需要解决产业结构不合理的问题,需要促进民生的不断改善。这些问题的解决都需要投资发挥关键作用。所以在努力扩大消费需求、进一步提高消费需求对经济增长贡献率的同时,绝对不能忽视投资,而要充分发挥投资在推动区域协调发展、城乡协调发展、产业结构优化和民生改善等方面的重要作用。

3. 要巩固好我国长期努力取得的国际市场份额，使出口在稳定经济增长、解决就业等方面继续发挥重要作用

面对不断加大的经济下行压力，面对出口来自欧美等发达国家的再工业化和东南亚等发展中国家低成本竞争的双重挤压，面对各种形式的贸易保护主义，要巩固好我国长期努力取得的国际市场份额，使出口在稳定经济增长、解决就业等方面继续发挥重要作用。

（三）关于区域结构调整

要继续实施西部开发、东北振兴、中部崛起的发展战略，切实贯彻落实好"一带一路"、京津冀协调发展、长江经济带发展战略，促进中西部地区发展，推动东中西部地区协调发展。要高度重视中西部地区人才不足、创新能力不强、技术进步缓慢对经济社会发展的制约。要高度重视中西部地区在承接东部地区产业转移过程中遇到的劳动力成本更低的东南亚等发展中国家竞争的问题。

（四）关于收入分配结构调整

要保持居民收入增长与经济增长之间的基本平衡。要像《中共中央关于制定国民经济和社会发展第十三个五年规划的建议》要求的那样，坚持居民收入增长和经济增长同步、劳动报酬提高和劳动生产率提高同步，持续增加城乡居民收入。调整国民收入分配格局，规范初次分配，加大再分配调节力度。要避免居民收入增长落后于经济增长，劳动报酬提高落后于劳动生产率提高。同时，也要避免居民收入增长明显超过经济增长，劳动报酬提高明显超过劳动生产率提高。否则，就会影响到经济的持续健康发展，进而影响到居民收入的持续增长。国家统计局的问卷调查表明，近几年，小微企业在选择"当前面临的三个突出问题"时，选择"用工成本上升快"的企业一直占60%以上，远高于选择其他问题的企业比例，表明小微企业生产经营明显感受到用工成本上升的压力。如果相当一部分小微企业难以承受用工成本上升的压力，甚至影响到它们的生存问题，就会影响到经济的持续健康发展，进而影响到居民收入的持续增长。

要继续缩小居民收入差距，包括缩小城乡之间、区域之间、高收入群体与低收入群体之间的居民收入差距。这是全面建成小康社会的必然要求，也是经济社会稳定发展的必然要求。

(五)关于对外贸易结构调整

坚定不移地推动服务业对外开放,推动我国服务贸易的发展,推动我国货物贸易和服务贸易的协调发展,进而促进经济发展方式的转变,促进就业和民生的改善,推动我国从贸易大国向贸易强国迈进。

8. 中国国际收支结构的变迁

王春英　赵玉超　常国栋　管恩杰*

【摘要】 本文阐述了2003—2015年间中国国际收支结构的变迁状况,梳理了国际收支运行环境的变化,分析了国际收支总体状况的阶段性特征,从货物贸易、服务贸易、初次收入和二次收入、直接投资、证券投资以及其他投资等方面揭示了国际收支主要项目的具体变迁。

随着1998年亚洲金融危机的结束,以及2001年我国加入世界贸易组织,我国国际收支运行的环境迎来了一个新的局面,跨境资本净流入逐步进入上升期,尤其是自2003年起表现得更加突出。截至2015年的13年间,国内外经济有起有伏,金融市场复杂多变,国际收支运行也经历了重大转变,基本形成了两大周期:一是2003—2013年的经常账户、资本和金融账户"双顺差",外汇储备较快增长;二是2014年(尤其是下半年)以来的经常账户、资本和金融账户"一顺一逆",外汇储备下降。

一、国际收支运行环境

2003年以来,国际经济金融环境主要经历了三个阶段,即2003—2007年的全球经济繁荣时期、2008—2013年的国际金融危机爆发和应对时期、2014年以来的全球经济缓慢复苏和分化时期,对我国国际收支造成了较大影响。

---

* 王春英、赵玉超、常国栋、管恩杰,任职于国家外汇管理局。

(一) 全球经济繁荣时期(2003—2007年)

发达经济体平稳运行,新兴经济体强劲增长,我国经济表现突出。国际方面,发达经济体摆脱了"互联网泡沫"破灭的冲击,经济增速在3%左右徘徊,未能恢复至20世纪90年代末4%的水平;新兴经济体迎来史上最长、最强劲的持续增长期,年均经济增速超过发达经济体近5个百分点,成为拉动世界经济增长的主要力量(见图1)。国内方面,加入WTO和人口"双红利"成为"中国制造"的有力武器,我国承接了发达国家制造业的产业转移,投资和出口"双轮驱动",消费需求稳步上升(见图2),经济保持两位数高速增长。

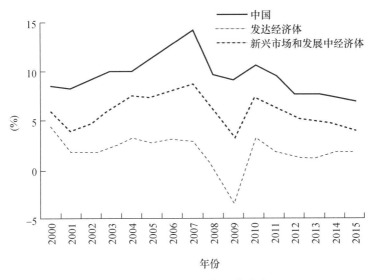

图1 世界主要经济体经济增速

利差交易基础不存在,美元贬值与人民币升值周期叠加。从利率市场看,境内外利差(即"国内利率－美国利率")由正转负,且负向空间不断扩大。美联储于2004年下半年至2007年年初率先启动连续加息,联邦基金利率从1%的较低水平升至5%以上;期间,我国仅两次小幅上调利率,2007年连续6次密集加息,以预防经济过热和资产价格泡沫(见图3)。从汇率市场看,美元自2001年年中进入一轮长期贬值周期,至2007年年底累计贬值超过30%,仅美联储加息期间出现短暂反弹;我国进出口持续顺差给人民币带来升值压力,2005年启动汇改至2007年年末,人民币对美元汇率累计升值13%(见图4)。

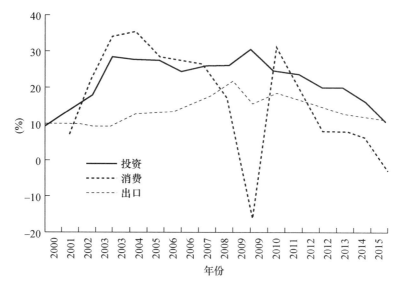

图 2　我国经济"三驾马车"增速

资料来源:国际货币基金组织,国家统计局。

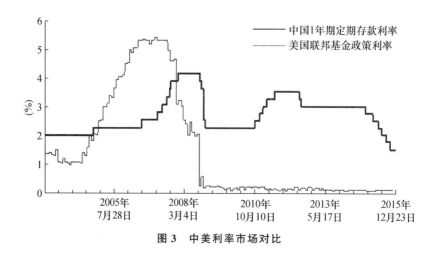

图 3　中美利率市场对比

(二) 国际金融危机爆发和应对时期(2008—2013 年)

发达经济体 V 形反转后缓慢复苏,新兴经济体 W 形二次探底,我国经济增速从高位回调。国际方面,肇始于美国的次贷危机席卷全球,各国纷纷投入巨资救市和刺激经济,发达经济体中美国复苏最为抢眼、失业率稳步下调,欧元区

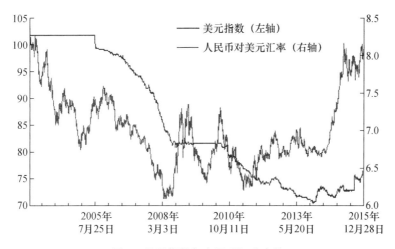

图 4　美元指数与人民币汇率走势

资料来源：中国人民银行，环亚数据库(CEIC)。

债务危机余震不断、失业率高企，日本经济在复苏与衰退间辗转反复；新兴经济体经济先升后降，部分国家经济脆弱性逐步显现，经济下滑与资本外流问题愈演愈烈。国内方面，我国经济在大规模经济刺激政策下强力复苏，经济增长方式转为内需拉动，为全球经济再平衡做出突出贡献，但 2012 年后随着我国经济转型逐步加深，经济增速开始放缓。

发达经济体宽松货币政策加大境内外正向利差，美元指数宽幅盘整，人民币汇率再度升值。从利率市场看，自 2009 年起，美联储先后推出三轮量化宽松货币政策(QE)，联邦基金政策利率下调至 0—0.25% 的历史极低水平，并维持了长达七年时间；外部流动性泛滥使得我国货币政策调控难度加大，2008 年国内 1 年期定期存款利率连续下调至 2.25% 的历史较低水平，此后又经历为房市降温的连续加息和应对欧债危机的小幅降息，2013 年年底利率水平为 3%。从汇率市场看，美元指数在 QE 压制下长期盘整于 70—90 区间，未跌破 2008 年上半年创下的低点，主要原因是危机期间美元承担了一定的避险功能；新兴经济体货币在 2013 年前后大多经历由升值到贬值的骤变过程；2008 年后，在内外部因素的共同影响下，人民币继续升值，截至 2013 年年底人民币对美元汇率再度升值 20%，其中，2008 年下半年至 2010 年年中人民币对美元汇率保持相对稳定。

(三) 全球经济缓慢复苏和分化时期(2014—2015年)

发达经济体内部及与新兴经济体之间经济运行出现分化。国外方面,发达经济体经济增速连续两年反弹,其中美、英复苏良好,欧、日复苏依然缓慢;新兴经济体自2011年以来连续五年下滑,部分国家陷入衰退;国内方面,我国经济由高速增长转为中高速增长,下行压力有所加大,投资和消费增速回落,受大宗商品价格下跌等影响,我国进出口顺差不断扩大。

本外币利差逐步收窄,发达经济体货币政策分化催生强势美元,人民币汇率贬值压力加大。从利率市场看,美联储继续维持超低利率,欧元区着手实施负利率;为保持国内流动性处于合理水平,我国多次下调利率和存款准备金率,2015年年底1年期定期存款利率降至1.5%。从汇率市场看,美联储加息预期和欧、日扩大QE刺激美元快速升值,期间累计升值超过20%;在美元升值、国内宏观经济偏弱和利差收窄等因素作用下,人民币汇率呈现双向波动且贬值压力加大,2014—2015年人民币对美元累计贬值超过6%。

二、国际收支总体状况

(一) 2003—2013年主要特征

1. 国际收支总顺差维持较大规模,2009年后资本项下顺差贡献总体上升

国际收支持续"双顺差"(除2012年外),外汇储备快速积累。2003—2013年,我国经常账户顺差累计2.23万亿美元,资本和金融账户(不含储备资产,下同)顺差累计1.51万亿美元,国际收支总顺差3.74万亿美元,净误差与遗漏累计为-0.18万亿美元。在此情况下,储备资产中的外汇储备资产(国际收支平衡表数据,不含汇率、价格等非交易价值变动影响,下同)增加3.54万亿美元。2013年年末,我国外汇储备余额为38 213亿美元,较2002年年末余额(2 864亿美元)大幅提升。

2008年以前经常账户是国际收支顺差的主要来源,2009年以后资本项下净流入的占比过半。2003—2008年,经常账户顺差、资本和金融账户顺差分别累计1.25万亿和0.44万亿美元,占国际收支总顺差的74%和26%。2009—

2013年,经常账户顺差、资本和金融账户顺差分别累计0.98万亿和1.07万亿美元,占国际收支总顺差的48%和52%。这一方面是因为2009年以来我国经常账户平衡状况进一步改善,顺差规模总体下降,与GDP之比自2011年起回落至2%左右;另一方面是由于主要发达经济体量化宽松政策(QE)增加了全球流动性,我国资本项下资金流入明显增多(见图5)。

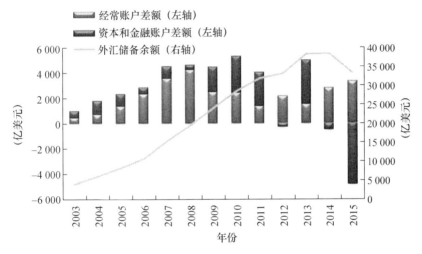

图5 经常账户、资本和金融账户差额及外汇储备余额
资料来源:国家外汇管理局,中国人民银行。

2. 我国积累的对外资产大部分体现为官方储备,2009年后市场主体的对外资产占比总体上升

11年间5万亿美元对外资产积累中70%表现为储备资产。2003—2013年,我国对外资产累计增加5.09万亿美元,其中,储备资产增幅占比达70%,国内市场主体对外其他投资资产(对外贷款、境外存款、出口应收款等)增加了1.01万亿美元,占比为20%;市场主体对外直接投资和证券投资形成的资产占比分别为8%和2%。

从变化趋势看,国内银行、企业、个人等市场主体对外资产积累的占比总体上升,官方储备资产占比出现下降态势。2003—2008年,我国对外资产增加2.35万亿美元,其中,储备资产增幅占比为76%。2009—2013年,我国对外资产增加2.75万亿美元,储备资产增幅占比降至65%;境内主体对外其他投资和直接投资形式的资产增加较明显,占比分别为24%和10%,较2003—2008年

占比提升9个和6个百分点(见图6)。

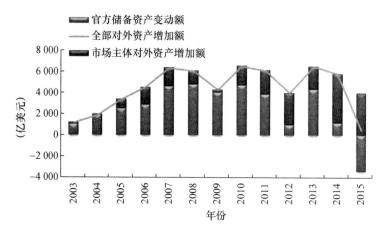

图6 我国对外资产积累以及其中的官方储备和市场主体对外投资
资料来源:国家外汇管理局。

3. 我国对外资产大部分来自稳定性较高的经常账户和直接投资渠道,2009年后短期资本流入有所增多

在11年的对外资产积累中,80%来自稳定性较高的经常账户顺差和外国来华直接投资净流入。我国对外资产积累的主要资金来源包括两个方面:一是经常账户顺差,二是对外负债即境外资本的流入(见图7)。2003—2013年,我国经常账户顺差累计2.23万亿美元,相当于同期我国对外资产形成额(5.09万亿美元)的44%;外国来华直接投资净流入累计1.85万亿美元,相当于我国对外资产形成额的36%。也就是说,经常账户顺差和外国来华直接投资净流入(稳定性较高)合计相当于我国对外资产形成额的八成。此外,波动性较大的外国来华短期资本(证券投资、境外借款等其他投资)合计净流入1.15万亿美元,相当于我国对外资产形成额的23%。[①]

2009年后我国对外资产积累的稳定性有所减弱,经常账户顺差和资本净流入的贡献"一降一升"。2003—2008年,我国经常账户顺差累计1.25万亿美元,相当于同期我国对外资产形成额(2.35万亿美元)的53%;外国来华直接投资净流入累计0.67万亿美元,外国来华短期资本净流入0.33万亿美元,在对

---

① 由于存在净误差与遗漏,经常账户顺差和对外负债规模之和不完全等于对外资产形成额。

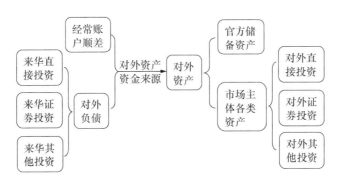

图 7　我国对外资产的主要类型和资金来源示意图

外资产形成额中的贡献分别为 28% 和 14%。2009—2013 年,经常账户顺差累计 0.98 万亿美元,年均顺差较 2003—2008 年下降 6%,在对外资产形成中的贡献率下降至 36%;外国来华直接投资净流入 1.19 亿美元,年均规模增长 1.1 倍,贡献率上升至 43%;外国来华短期资本净流入 0.82 万亿美元,年均规模大幅提升 1.9 倍,贡献率升至 30%,体现了发达经济体 QE 导致境外流动性泛滥的影响(见图 8)。

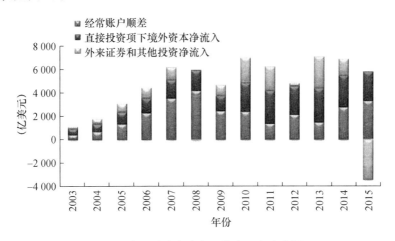

图 8　我国对外资产积累的主要资金来源

资料来源:国家外汇管理局。

(二) 2014—2015 年主要特征

2014 年,尤其是 2014 年下半年以来,我国经常账户顺差、资本和金融账户逆差的国际收支格局基本形成。2014年下半年至2015年,我国经常账户顺差5 045亿美元,资本和金融账户逆差5 835亿美元,净误差与遗漏为-2 940亿美元,储备资产累计下降3 731亿美元。

对外债务去杠杆化已开启并持续了一段时间,逐步释放了前期积累的短期资本流入风险。2014年下半年至2015年,外国来华非直接投资累计净流出3 468亿美元,相当于2003—2013年持续净流入规模的30%,相当于在2009—2013年主要发达经济体QE期间净流入规模的43%。也就是说,过去十年左右的非直接投资净流入中已有三四成流出了我国。但在我国企业对外贸易总体提升、投融资渠道不断拓宽的情况下,此类境外融资缩减后预计仍将保留一个合理正常的规模。

我国对外总资产继续增加,官方储备资产和市场主体对外资产"一降一升"。2014年下半年至2015年,我国对外资产总体增加了2 672亿美元。其中,企业等市场主体的直接投资资产增加2 633亿美元,相当于2003—2013年11年增加额的66%;证券投资资产增加865亿美元,相当于过去11年间增加额的70%;贷款等其他投资资产增加2 870亿美元,也达到了过去11年间增加额的28%。以前在人民币升值预期下,我国市场主体不愿意持有对外资产,但在人民币汇率双向波动环境下,增加对外资产的积极性大幅提升,成为储备资产下降的主要原因,这也是"藏汇于民"的必然过程。

三、国际收支主要项目

(一) 货物贸易

货物进出口总体稳步增长,持续较大顺差。受益于我国加入WTO和各项对外政策的不断放开,货物贸易进出口总体上保持增长趋势,以此为主导的我国涉外经济出现快速增长,进出口的持续大额顺差是我国快速积累外汇储备的重要影响因素。按国际收支统计口径,2003—2015年,我国货物贸易出口、进口和顺差年均增长15%、13%和25%(见图9)。受2008年国际金融危机影响,我国进出口在2009年出现一定程度的下滑,之后又恢复增长势头,但增速明显放缓,2014年我国货物贸易的出口和进口规模达到历史顶峰,分别为22 438亿美元和 18 087 亿美元。2015 年由于受外需不景气、大宗商品价格下降和国内经济减缓等因素影响,进出口均出现下降,而且进口降幅高于出口降幅,形成净出口的衰退式增长,出口和进口分别下降 5% 和 13%,净出口增长 30%,分别为 21 428 亿美元、15 785 亿美元和 5 670 亿美元。

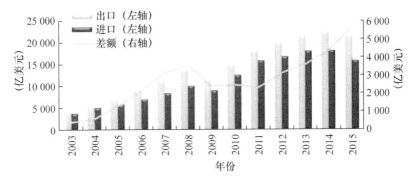

图 9　2003—2015 年我国进出口状况(国际收支口径)
资料来源:海关总署,国家统计局。

(二) 服务贸易

服务贸易规模稳定增长,逆差快速扩大。在我国对外开放步伐不断加快的背景下,我国服务贸易近年来保持较快增长势头,尤其是在旅游、运输逆差的带动下服务贸易逆差保持持续增长,成为经常账户中平衡货物贸易顺差的主要来源。2003—2015 年,服务贸易收支规模年均增长 18%,较货物贸易年均增速高出 3.5 个百分点;服务贸易逆差年均增长 37%,高出货物贸易顺差年均增速 13 个百分点(见图 10)。2015 年,服务贸易收支规模达到 7 554 亿美元,逆差达到 1 824 亿美元。

旅行支出快速增长是服务贸易逆差扩大的主因。由于居民可支配收入提高、部分国家签证政策放松、出境留学升温、境外购物更具吸引力等因素,出境旅游及留学人数持续增长,旅行支出快速增长。2003—2015 年我国出境人次增长了近 5 倍,2015 年达到 1.2 亿人次。2003—2015 年旅行支出年均增长 28%,而收入年均增长 17%,远低于支出增速。2003 年旅行项目为顺差 22 亿美元,2009 年由顺转逆,之后逆差快速增长,年均增长 88%,2015 年旅行支出达到 2 922 亿美元,收入 1 141 亿美元,逆差 1 781 亿美元(见图 11)。

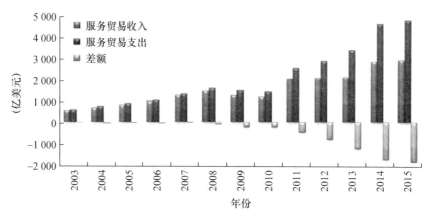

图 10　2003—2015 年服务贸易状况

资料来源：国家外汇管理局。

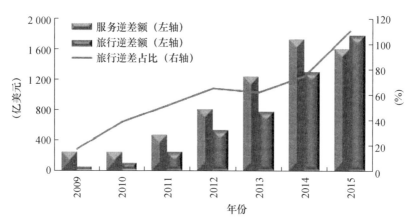

图 11　2009—2015 年旅行逆差对服务贸易逆差贡献度

资料来源：国家外汇管理局。

(三) 初次收入和二次收入

初次收入项目总体上呈逆差态势，个别年份出现顺差。2003 年初次收入（原称为收益）逆差 102 亿美元，2015 年逆差 454 亿美元，期间年均增长 13%（见图 12）。一方面，投资收益差额总体呈逆差并不断扩大是影响初次收入差额变化的主要原因，尤其是 2009 年以后，投资收益支出总体上呈现快速扩大态势，2013 年投资收益逆差达到 945 亿美元，之后略有回落至 2015 年的 734 亿美元。投资收益逆差形成的主要原因是我国的对外金融资产负债结构不平衡。

对外资产中外汇储备占五成以上,对外负债中外国来华直接投资占六成左右。近十年来,伴随我国经济的快速增长,关注长期投资回报的来华直接投资,在为国内创造就业和税收、提升技术等综合经济效益发挥作用的同时,获得了我国经济增长的红利。而外汇储备更注重保值、增值和流动性,收益相对低一些。另一方面,雇员报酬顺差保持稳定增长,一定程度上平衡了初次收入的逆差增势。随着我国居民赴境外工作人员不断增加,获得的收入汇入国内也相应地快速增加。2003—2015年雇员报酬顺差年均增长53%,2015年达到274亿美元。

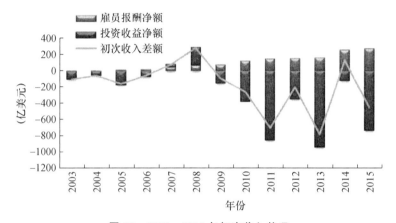

图 12　2003—2015 年初次收入状况

资料来源:国家外汇管理局。

二次收入差额由顺转逆。2003—2012年,我国的二次收入(原称为经常转移)一直保持顺差,境外对我国的捐赠等经常转移的收入大于我国对外支出,尤其是在2008年,初次收入顺差达到近年来的最高点432亿美元。2013年之后,随着我国居民对境外捐赠的增多,二次收入在2013年和2015年均出现87亿美元的逆差(见图13)。

(四) 直接投资

直接投资长期呈现较大规模的净流入。总体上看,受益于我国经济增速较快、改革开放相关政策不断扩大、"走出去"战略积极推进、国内企业实力不断增强和对外投资意识提高等因素,我国的来华和对外直接投资均保持较快增长,但因国内经济发展势头较好,来华直接投资存量较大,国内企业"走出去"战略处于起步阶段,对境外市场环境需要熟悉的过程,使得直接投资差额总体保持

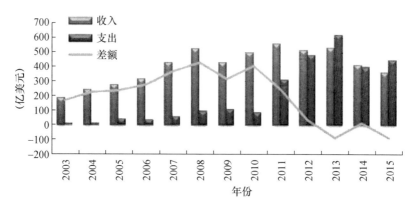

图 13　2003—2015 年二次收入状况
资料来源:国家外汇管理局。

净流入态势。2003—2015 年,来华直接投资年均增长 14%,2015 年年末存量达到 28 423 亿美元,约占对外负债的六成;对外直接投资在 2003 年仅有 0.1 亿美元(2003 年之前几年总体上在几十个亿的水平),2008 年之后,对外直接投资出现快速增长,至 2015 年年末的存量达到 11 293 亿美元(见图 14)。

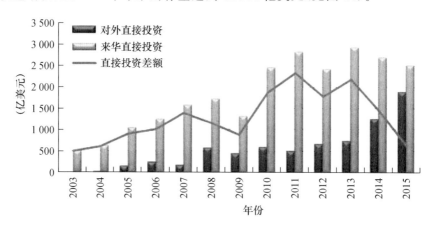

图 14　2003—2015 年直接投资状况
资料来源:国家外汇管理局。

(五) 证券投资

证券投资总体上呈现净流入年份多于净流出年份。2003—2015 年,在我国资本市场对外开放和国内企业不断拓展境外资本市场融资渠道的大背景下,我国跨境证券投资逐步活跃。一方面,我国对外证券投资渠道主要以合格境内机构投资者(QDII)和银行等金融机构自身对外债券投资为主,投资渠道相对较少;另一方面,以境内金融机构为主的国内企业通过在境外上市或发行债券吸收大量的境外证券投资,合格境外机构投资者和人民币合格境外机构投资者(RQFII)投资规模不断扩大。因此,证券投资整体上呈现净流入,部分年份出现一定的净流出,即从2003年的114亿美元,增至2014年最高点824亿美元,但在2005年、2006年和2015年由于受到国内资本市场波动等因素影响,出现部分资金获利后净流出的情况(见图15)。

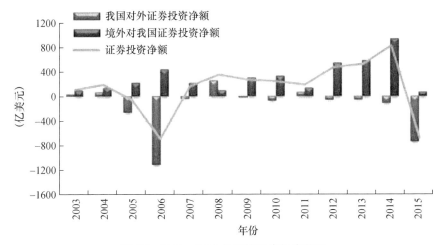

图15 2003—2015年跨境证券投资状况

注:我国对外证券投资正值表示减持对外股权或债券,负值表示增持对外股权或债券;境外对我国证券投资正值表示增加对国内股权或债权投资,负值表示减少对国内股权或债券投资。
资料来源:国家外汇管理局。

(六) 其他投资

其他投资资产负债规模快速扩大。2003—2015年,伴随我国涉外经济交往不断加深,我国经常账户规模持续扩大,跨境贸易融资等相关政策不断放开,投融资活动趋于活跃,其他投资的资产和负债规模总体上均保持增长势头。2003—2015年,其他投资资产总体保持增长势头,年均增长18%,仅在2009年出现一次小幅下降,2015年达到1 276亿美元。其他投资负债规模总体上也在不断扩大,但波动性较大,2003—2015年间出现三次负债下降,分别在2008年、2012年和2015年,分别下降150亿美元、284亿美元和3 515亿美元(见图16)。

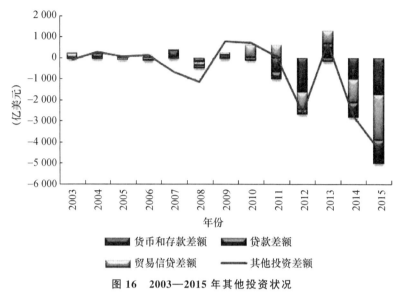

图 16　2003—2015 年其他投资状况
资料来源：国家外汇管理局。

其他投资有进有出。其他投资主要包括存贷款和信贷（含企业间）。2003—2015 年，一方面，受国内经济增速较快、境内外正向利差、人民币汇率升值预期等宏观经济金融形势的影响，部分年份的其他投资呈现净流入态势；另一方面，由于 2008 年国际金融危机对我国跨境资金流动的持续影响，部分年份的其他投资出现净流出，而且净流出规模总体上超过净流入规模。其中，2008 年，由于国际金融危机爆发，国际市场避险情绪较高，境内商业银行减少风险高的证券投资，增加对境外的存放和拆放等流动性好的资产；境内企业新借境外贷款大幅减少，出口预收款下降。2012 年，欧洲主权债务危机深化，国际金融市场动荡加剧，境外机构收回在我国的存款或减少短期融资业务资金，境内企业大幅增持外汇存款等资产，再通过银行存放境外联行或对外贷款。2014 年和 2015 年，受美国经济企稳复苏、美元加息预期、我国经济增势趋缓等国内外经济金融环境影响，我国企业主动增持对外资产和加快偿还境外债务，导致其他投资出现净流出态势。

9. 中国金融运行的特征、挑战及发展趋势

闫先东　胡新杰[*]

【摘要】 本文梳理了2015年中国金融领域的重大改革,从总体和结构两方面分析了货币供应量、社会融资规模、贷款和市场利率等主要金融指标的特征,揭示了金融运行中面临的突出问题,对未来金融运行的发展趋势进行了展望。

2015年经济增长放缓,党中央提出要高度重视应对经济下行压力,高度重视防范和化解系统性风险。为此,人民银行年内多次下调存款类金融机构法定存款准备金率和存贷款基准利率,并通过抵押补充贷款(PSL)、中期借贷便利(MLF)、常备借贷便利(SLF)等政策工具增加市场流动性,降低回购利率等引导市场利率逐步下行。2015年货币信贷运行总体平稳,信贷结构进一步优化,但金融运行仍面临诸多挑战,守住不发生系统性、区域性金融风险的难度加大。

一、积极推进金融改革

(一) 加快利率市场化改革

2015年3月和5月,将存款利率浮动区间上限由基准利率的1.2倍依次扩大到1.3倍和1.5倍,8月放开1年期以上(不含1年期)定期存款的利率浮动上限,10月完全放开存款利率浮动上限。此外,2015年6月发布《大额存单管

---

[*] 闫先东、胡新杰,任职于中国人民银行调查统计司,本文不代表任职机构意见。

理暂行办法》,允许金融机构面向企业和个人发行市场化定价的大额存单,进一步完善利率的市场化形成机制。

(二)完善人民币中间价报价机制

2015年8月11日,人民银行调整人民币对美元汇率中间价报价机制,规定做市商在每日银行间外汇市场开盘前,参考上日银行间外汇市场收盘汇率,综合考虑外汇供求情况以及国际主要货币汇率变化向中国外汇交易中心提供中间价报价。

(三)出台存款保险制度

2015年3月31日《存款保险条例》公布,自2015年5月1日起施行。2015年4月1日,国务院公布对《存款保险制度实施方案》的批复,明确存款保险基金管理工作由中国人民银行承担,履行存款保险职责。

(四)加快资本项目开放

2015年7月14日,人民银行发布《关于境外央行、国际金融组织、主权财富基金运用人民币投资银行间市场有关事宜的通知》,大幅放开境外央行、国际金融组织和主权财富基金等机构在银行间市场的额度限制和投资范围,并将审核制改为备案制。

9月23日,人民银行发布通知,进一步便利跨国企业集团开展跨境双向人民币资金池业务,将宏观审慎政策系数值调整至0.5,并进一步降低参与跨境双向人民币资金池业务企业的门槛。

10月,国务院常务会议决定,深化上海自贸区金融改革试点,在上海自贸区范围内和已有经验基础上,逐步提高人民币资本项目下可兑换程度,研究启动合格境内个人投资者境外投资试点(QDII2),拓宽境外人民币投资回流渠道。

(五)政策性、开发性金融机构改革取得新进展

2015年3月,国务院批复同意国家开发银行深化改革方案和进出口银行改革实施总体方案。农业发展银行和进出口银行将进一步强化政策性职能定位,坚持以政策性业务为主体,合理界定业务范围,建立资本充足率约束机制。国

家开发银行将坚持开发性金融机构定位,进一步完善开发性金融运作模式,明确资金来源支持政策。

(六)扩大抵押补充再贷款发放范围

从2015年10月起,中国人民银行将抵押补充贷款的对象由国家开发银行扩大至中国农业发展银行、中国进出口银行,主要用于支持三家银行发放棚改贷款、重大水利工程贷款、人民币"走出去"项目贷款等。

(七)改革存款准备金考核制度,扩大信贷资产质押再贷款试点

自2015年9月15日起,存款准备金考核制度由现行的时点法改为平均法,这样既可以为金融机构管理流动性提供缓冲机制,也有利于平滑货币市场波动。

2015年10月,人民银行在前期山东、广东开展试点的基础上,决定在上海、天津等9省(市)推广信贷资产质押再贷款,评级结果符合标准的信贷资产纳入人民银行发放再贷款可接受的合格抵押品范围。

(八)完善宏观审慎政策框架

一是将差别准备金动态调整机制"升级"为宏观审慎评估体系,在保持对宏观审慎资本充足率核心关注的基础上,将单一指标拓展为七个方面的十多项指标,兼顾量和价、间接融资和直接融资,由事前引导转为事中监测和事后评估。

二是将外汇流动性和跨境资金流动纳入宏观审慎管理范畴,对远期售汇征收风险准备金,扩大本外币一体化的全口径跨境融资宏观审慎管理,对境外金融机构在境内金融机构存放执行正常存款准备金率。

二、金融运行总体平稳,结构进一步优化

(一)货币供应量增速小幅回落

2015年12月末,广义货币M2余额139.23万亿元,同比增长13.3%,增速比上月低0.4个百分点,但仍比上年年末高1.1个百分点。当月M2余额增加

1.83万亿元,比上年同期少增1447亿元。2015年全年M2余额净增16.38万亿元。

从金融机构资产配置看,影响M2增长的负向因素,一是外汇买卖大幅减少。当月金融机构外汇买卖余额减少6290亿元,同比多降5106亿元。其中人民银行外汇占款下降7082亿元,同比多降5793亿元,主要与人民币对美元汇率贬值幅度扩大、资本流出加剧有关,当月外汇储备下降1079亿美元。二是贷款新增量同比少增。当月贷款新增5978亿元,同比少增3453亿元,主要原因是经济增长放缓,银行实际不良率大幅上升,银行放贷趋于谨慎。三是买入返售资产减少。当月金融机构买入返售资产下降2084亿元,同比多降1527亿元,主要是对证券业金融机构和特殊目的载体买入返售资产下降较多。

影响M2增长的正向因素主要是股权及其他投资大幅增加。当月金融机构的股权及其他投资新增1.52万亿元,同比多增8708亿元。一方面,国开行和农发行以股权投资的形式分别注入国开发展基金和农发重点建设基金。另一方面,商业银行对证券基金、理财、资金信托等非标准化债权投资新增6865亿元,境内特殊目的载体股权投资新增4581亿元。

(二) 社会融资规模同比少增

2015年社会融资规模增量为15.41万亿元,同比少增4675亿元。分季度看,第一、二、三、四季度社会融资规模分别为4.65万亿、4.13万亿、3.18万亿和3.44万亿元。

从结构上看,2015年对实体经济发放的人民币贷款增加11.27万亿元,同比多增1.52万亿元;对实体经济发放的外币贷款折合人民币减少6427亿元,同比少增7662亿元;委托贷款增加1.59万亿元,同比少增5829亿元;信托贷款增加434亿元,同比少增4740亿元;未贴现的银行承兑汇票减少1.06万亿元,同比多减9371亿元;企业债券净融资2.94万亿元,同比多融资5070亿元;非金融企业境内股票融资7604亿元,同比多融资3254亿元。2015年12月社会融资规模增量为1.82万亿元,分别比上月和上年同期多增7927亿元和2477亿元。

(三) 贷款规模同比大幅多增,投向结构进一步优化

2015年,金融机构贷款规模大幅多增,有力地支持了实体经济的发展。信贷结构进一步优化,中西部贷款增长快于东部、中长期贷款较快增长、小微企业贷款余额占比提高。12月末人民币贷款余额93.95万亿元,同比增长14.3%,增速比上月末低0.6个百分点,比上年末高0.6个百分点。全年累计新增11.73万亿元,同比多增1.81万亿元。从结构上看:

一是中、西部地区贷款增长快于东部。12月末,东、中、西部地区贷款余额同比分别增长10.9%、16.5%和14.6%,中、西部贷款增速分别比东部高5.6个和3.7个百分点。

二是中长期贷款较快增长。12月末,中长期贷款余额同比增长15.4%,增速比上年同期高0.9个百分点。其中工业中长期贷款余额同比增长5%,增速比上年同期低3个百分点;服务业中长期贷款余额同比增长14.4%,增速比上年同期低1.3个百分点。

三是小微企业贷款余额占比提高。2015年年末,人民币小微企业贷款余额17.39万亿元,同比增长13.9%,增速比上年末低1.6个百分点,比同期大型和中型企业贷款增速分别高2.7个和5.3个百分点。

2015年年末,小微企业贷款余额占企业贷款余额的31.2%,比上年末高0.8个百分点。全年小微企业贷款新增2.11万亿元,同比少增146亿元,增量占同期企业新增贷款的38.1%,比同期大型企业和中型企业增量占比分别高3.7个和10.6个百分点。

四是农户贷款增速高于各项贷款。2015年年末,本外币农村(县及县以下)贷款余额21.61万亿元,同比增长11.2%,增速比上年末低1.2个百分点,全年增加2.23万亿元,同比少增2 251亿元;农户贷款余额6.15万亿元,同比增长14.8%,增速比上年末低4.2个百分点,全年增加7 823亿元,同比少增733亿元;农业贷款余额3.51万亿元,同比增长5.2%,增速比上年末低4.5个百分点,全年增加1 897亿元,同比少增1 167亿元。

五是个人购房贷款增长持续加快。2015年年末,房地产贷款余额21.01万亿元,同比增长21%,增速比上年末高2.1个百分点;全年增加3.59万亿元,同比多增8 434亿元,增量占全年各项贷款增量的30.6%,比上年占比水平高2.5

个百分点。

2015年年末,房产开发贷款余额5.04万亿元,同比增长17.9%,增速比上年末低3.8个百分点;地产开发贷款余额1.52万亿元,同比增长12.8%,增速比上年末低12.9个百分点。个人购房贷款余额14.18万亿元,同比增长23.2%,增速比上年末高5.7个百分点,比各项贷款增速高8.9个百分点;全年增加2.66万亿元,同比多增9368亿元。

(四) 市场利率总体水平低于上年同期

市场利率在前五个月呈回落走势,6月份后有所回升,四季度又逐步回落,总体水平低于上年同期。12月份市场利率小幅上升,当月银行间市场同业拆借平均利率为1.97%,质押式回购加权平均利率为1.95%,分别比上月高0.07个和0.1个百分点,比上年同期高1.51个、1.55个百分点;隔夜Shibor平均为1.84%,比上月高0.05个百分点,比上年同期低1.18个百分点。

12月份市场利率小幅上升的主要原因是市场资金有所趋紧。尽管临近年底财政支出力度加大,当月财政存款下降1.24万亿元,为市场提供了大量流动性,但当月人民银行外汇占款下降7082亿元,通过外汇占款创造的基础货币不足。当月人民银行对金融机构再贷款下降3689亿元,公开市场逆回购操作余额下降200亿元,总体上市场流动性有所趋紧(大部分中资大型银行的超储率有所下降),影响市场利率小幅上升。

债券市场到期收益率明显下行。12月末,1年期国债到期收益率为2.3%,比上月末低28个基点;10年期国债到期收益率为2.82%,比上月末低22个基点。10年期国开行金融债到期收益率为3.13%,比上月末低30个基点;10年期企业债券(AAA)到期收益率为3.82%,比上月末低27个基点。债券收益率下行的主要原因,一是经济增长放缓,银行实际不良率大幅上升,资产质量持续承压,信贷投放趋于谨慎,相应加大了对债券资产的配置。二是股市交易萎缩,机构资金从股市流向债券市场,当月证券公司客户交易结算资金下降1.01万亿元。三是债券发行规模大幅减少,市场供给压力减小。当月债券发行规模为7010亿元,比上月减少1.14万亿元,大大低于全年月均发行规模(1.16万亿元),主要是当月地方政府债发行规模大幅回落,由5月份以来的月均5000亿元以上下降至1361亿元。

非金融企业贷款利率总体回落。2015 年 12 月,新发放贷款加权平均利率为 5.22%,自 5 月份以来持续回落,累计下降 1.32 个百分点,比上年同期下降 1.66 个百分点。从票据贴现利率看,2 月份以来也基本呈回落走势,12 月份长三角和珠三角票据直贴月平均利率(月息)分别为 2.50% 和 2.55%,比上月均回落 0.09 个百分点,比 2 月份均下降 1.96 个百分点。贷款基础利率(LPR)逐步回落,12 月末 LPR 为 4.30%,比上年同期低 1.21 个百分点。

企业贷款利率逐步回落的主要原因,一方面,年内人民银行多次下调金融机构存贷款基准利率的政策效应逐渐显现。另一方面,从商业银行负债端成本看,随着存款基准利率的进一步下调,存款利率有所回落;理财产品预期收益率连续 5 个月下降,12 月份 1 年期理财产品平均预期收益率 4.51%,比上月下降 0.09 个百分点,8 个月累计下降 1.02 个百分点。此外,由于 2015 年外汇占款大幅下降,人民银行通过外汇占款创造基础货币的渠道受限,因此多次降低商业银行法定存款准备金率(商业银行的部分法定准备金转为超额准备金),通过抵押补充贷款(PSL)、中期借贷便利(MLF)等再贷款为商业银行提供低成本的流动性,有助于降低商业银行负债端成本,从而为商业银行降低信贷利率创造了条件。

三、金融运行中面临的突出问题

(一) 金融风险快速上升

2015 年 12 月末,银行业不良贷款率为 1.99%,比上年同期上升 0.35 个百分点;全年不良贷款余额新增 5 248 亿元,比去年同期多增 2 684 亿元。尽管商业银行名义不良率仍然保持在 2% 以下,但由于经济增长放缓,产能过剩行业、小微企业以及个人贷款质量下降,商业银行实际不良率快速上升。商业银行在监管指标未放松的情况下,为了达到监管要求、维护市场形象,存在压低不良率的动力,部分地方政府也对银行不良贷款率提出了要求。而处置不良资产面临较多困难,利润损失大,商业银行通过处置不良资产来降低不良贷款率的空间有限,一般是通过展期、过桥、借新还旧、放松不良贷款认定标准、"虚假出表"、利息本金化等方式,压低账面不良率。商业银行掩盖不良资产的方式主要有三种,第一种是五级分类标准在实际执行中有所放松,贷款分类偏离度加大,隐性不良资产风险较大。第二种是部分银行通过非真实转让手段将不良资产出表。第三种是通过续贷或过桥贷暂时缓和风险。

由于经济增长放缓,未来商业银行处理账面不良率的回旋余地有限,贷款账面和实际不良率均会不断上升,"以时间换空间"的压力将不断加大。

因此,当前应客观评估银行不良贷款的真实水平,加大不良资产的处置力度;处置好经济发展与银行不良贷款之间的关系,适当提高银行机构的风险容忍度;创新和丰富不良资产处置方式;严厉打击逃废债行为,实现金融企业和地方经济的共同发展。

(二) 地方债务风险不容忽视

地方政府性债务限额基数存在低估。一是总量性低估。在 2014 年年末的债务甄别中,部分公益性项目和准公益性项目举借的债务未纳入地方政府性债务。二是结构性低估。三类债务划分方式不合理,部分事实上由政府承担偿还责任的债务(即一类债务)计入了二三类债务。

限额管理下,地方政府性债务名义增速呈断崖式下降。2013 年 6 月末至 2014 年 12 月末,一类债务累计增加 4.5 万亿元,年化增速为 26.0%,或有债务累计增加 1.6 万亿元,年化增速为 14.7%。2015 年一类债务净增长空间仅 6 000 亿元,增速仅 3.9%,意味着 2015 年地方政府性债务名义增量和增速较前几年出现断崖式下降。如果严格执行债务限额,地方政府广义财政赤字将出现实质性紧缩。

融资平台陷入债务螺旋,维系债务安全的成本越来越高。平台公司名义上是企业,实质上扮演了"第二财政"的角色,其主要职能是落实政府的投资计划,通过融资完成政府投资任务。平台公司投资的多数项目是缺乏现金流或现金流不足的公益性和准公益性项目,一般由政府根据协议向平台公司回购。回购的资金来源主要是土地出让收入,即便在土地成交活跃的年份,土地出让收入也不能覆盖回购资金需求,2015 年土地市场不景气更加剧了地方政府的支出压力。

地方政府为保障平台公司的融资能力,不能无限期地拖欠回购款,通常以土地注入形式支付回购款。平台公司的现金流本质上依靠的是扩大融资,即以应收款或土地资产为抵押,通过融资支付到期债务本金。在经济下行压力下,平台公司还要承担新增投资任务,即同时承担借新还旧、借新还息、借新投资的"三借"压力,融资任务非常繁重。由于债务越滚越大,将来这些债务到期后,可以预料财政仍然无力实质性支付回购款,平台公司仍然要靠扩大融资维系运营。因此,平台债务将不可避免地螺旋式上升。

在财政收支压力凸显和地方债务管理趋于严格的背景下,经济增长与债务增长的矛盾逐渐显现。短期内稳增长主要靠稳投资,稳投资主要靠政府投资,政府托底投资与债务约束又存在矛盾。因此,地方政府陷入"稳增长"和"去杠杆"的政策两难境地。随着平台公司借新还旧、借新还息、借新投资"三借"压力的积累,维系债务安全的成本将越来越高。

(三)信贷需求趋弱,信贷结构调整困难

在经济下行及产业结构调整背景下,部分企业特别是中小企业受到市场需求下降、用工成本上升、盈利能力减弱等多重因素叠加的影响,扩大再生产的意愿不强,中长期投资意愿低迷,信贷需求不足。当前企业可以分为三类。第一类是产品销量大幅下滑、利润下降、盈利能力和成本承受能力降低的企业被动收缩经营和融资规模。第二类是行业中经营较为稳健的优质企业普遍抱有准备"过冬"的谨慎心态,经营方面减少投资,主动收缩融资规模,甚至提前偿还贷款。第三类是符合国家绿色节能环保政策、产品适销对路、质量过硬的企业的市场份额不断上升,呈现产销两旺的生产经营局面,扩大产能、改进生产的信贷融资需求相应增加,但这类企业的数量相对较少。

另外,商业银行信贷投放依然存在"规模偏好"和"所有制偏好"。"规模偏好"指银行倾向于给大企业贷款而对中小企业较为谨慎。"所有制偏好"指银行倾向于将信贷资金更多地配置给国有企业,而对民营企业则较为谨慎。商业银行认为,国有企业即使陷入财务危机,政府也会给予救助,向国有企业发放贷款相当于拥有政府发放的资金"安全牌"。

在经济下行阶段,产能过剩行业比其他行业面临更严重的周期性冲击,钢铁、煤炭等大宗商品价格大幅下滑导致相关行业企业财务状况急剧恶化,而商业银行对产能过剩行业降杠杆并不容易。一方面,压降企业贷款导致财务状况恶化企业的流动性压力进一步增加。产能过剩行业均为重资产行业,固定资产投入占比较大,前期投入主要依靠银行信贷,为保证企业正常运转,被迫维持授信额度支持企业渡过难关。另一方面,政府稳增长和保就业压力对信贷压降有所制约。产能过剩行业企业在地方经济中占比较高、雇佣劳动力数量较大,一些地方政府明确要求各家金融机构不得压减这些企业的授信规模,甚至希望银行进一步增加信贷投放。

(四) 资本外流压力加大,汇率风险不容忽视

2015年人民银行外汇占款累计下降2.21万亿元,上年同期为增加6411亿元,全金融机构外汇买卖累计下降2.84万亿元,上年同期为增加7662亿元。

人民币对美元贬值预期较强,影响居民加大"资产外币化、负债本币化"操作,结售汇大幅逆差。2015年结汇1.72万亿美元,下降9.11%;售汇2.19万亿美元,增长23.7%;结售汇逆差4659亿美元,上年为顺差1258亿美元。

从外汇供求关系看,即远期结售汇差额反映了外汇市场上的供求关系。即远期结售汇差额,剔除了远期结售汇履约重复计算的影响,即"即远期结售汇差额=即期结售汇差额+未到期远期结售汇差额变动额"。2015年即远期结售汇逆差5711亿美元,上年为顺差856亿美元,表明2015年市场需求旺盛,供应不足。

8月11日,人民银行完善人民币兑美元中间价报价机制,人民币对美元汇率出现贬值。12月末,人民币对美元中间价为6.4936元/美元,比上年年末贬值5.77%;在岸市场人民币对美元即期汇率(CNY)为6.4936元/美元,比上年年末贬值4.46%;离岸市场人民币对美元即期汇率(CNH)为6.5687元/美元,比上月末贬值5.42%。人民币对美元离岸市场(CNH)汇价与在岸市场(CNY)汇价价差扩大,12月末为升水751点,比上年年末扩大663点。12月末,1年期无本金交割的人民币对美元远期汇率(NDF)贬值4.45%,贬值幅度比上年年末扩大2.3个百分点。

从国际收支情况看,2015年,经常账户顺差2932亿美元,其中,货物贸易顺差5781亿美元,服务贸易逆差2094亿美元。资本和金融账户(含净误差与遗漏)逆差1611亿美元,其中,非储备性质的金融账户(含净误差与遗漏)逆差5044亿美元,储备资产减少3429亿美元。

2015年海关统计口径的出口22766亿美元,进口16821亿美元,贸易顺差

5 945 亿美元;2015 年货物贸易结汇 11 824 亿美元,售汇 12 203 亿美元,货物贸易结售汇逆差 379 亿美元;两者之间相差 6 324 亿美元。2014 年海关统计口径的贸易顺差为 3 825 亿美元,货物贸易结售汇顺差为 3 176 亿美元,两者之间相差仅 649 亿美元。2015 年两者之间相差过大可以从进出口贸易顺差与收付汇顺差的差异、收付汇顺差与结售汇逆差的差异两个方面解释。

进出口贸易顺差与收付汇顺差方面,2015 年海关统计口径的贸易顺差 5 945 亿美元,货物贸易跨境资金净流入(银行代客涉外收汇－付汇)2 143 亿美元,两者之间相差 3 802 亿美元。主要原因,一是偿还银行的跨境融资款有所增加,2015 年企业进口跨境融资余额减少约 1 100 亿美元。二是外贸企业与境外交易商之间的出口延收和进口预付增多,全年约为 1 000 亿美元左右。三是收汇率下降、付汇率上升。收汇率(当期收汇/当期外汇收入)衡量企业和个人收汇情况,以海关统计的出口额作为当年外汇收入,2015 年货物贸易收汇率为 90.4%,比 2014 年下降 1.8 个百分点。付汇率(当期收汇/当期外汇支出)衡量企业和个人付汇情况,以海关统计的进口额作为当年外汇支出,2015 年货物贸易付汇率为 109.6%,比 2014 年上升 3.5 个百分点。四是其他因素。如企业出口收入滞留境外,以及在稳增长目标压力下,虚增出口业绩、高报出口等。

收付汇顺差与结售汇逆差方面,2015 年货物贸易跨境资金净流入 2 143 亿美元,货物贸易结售汇逆差 379 亿美元,两者之间相差 2 522 亿美元。主要原因,一是人民币跨境贸易结算由逆差转为顺差。人民币计价结算的贸易顺差会影响我国储备资产的减少,即结售汇逆差。由于人民币计价结算的货物贸易收付汇差额由 2014 年的逆差 1 401 亿美元,转为顺差 1 288 亿美元,影响结售汇逆差 1 288 亿美元。二是结汇率下降、售汇率上升。结汇率(当期结汇/当期收汇,当期收汇需扣除人民币结算量)衡量企业和个人结汇意愿,2015 年货物贸易结汇率为 79.9%,比 2014 年下降 3.8 个百分点。售汇率(当期售汇/当期付汇,当期付汇需扣除人民币结算量)衡量企业和个人购汇意愿,2015 年货物贸易售汇率为 87.5%,比 2014 年上升 12.5 个百分点。三是境内企业和个人的外汇贷款减少、存款增加,以及外债余额下降。2015 年境内企业和个人的外汇贷款余额下降 1 006 亿美元,企业和个人的外汇存款增加 364 亿美元。

四、2016年金融运行展望

（一）为稳定经济运行创造适宜的金融环境

全球经济弱势复苏。2015年世界经济增长放缓，除美国经济稳步增长外，日本经济持续颠簸，欧元区经济缓慢复苏，新兴市场国家经济下行，国际金融市场波动明显。美国经济复苏势头走弱。2016年，全球经济仍将继续处于深度调整期。美联储加息将使主要发达经济体货币政策进一步分化，增大未来全球经济和金融市场的波动性；部分新兴市场经济体可能面临严峻的经济下行压力；国际大宗商品价格低位振荡，大宗商品出口国经济下行压力和债务风险增加；全球贸易增速放缓，拖累全球经济增长。

2016年我国经济下行压力仍然较大。一是投资需求不旺。由于工业企业利润持续下降，部分行业产能过剩，内外需求低迷，制造业投资增速仍将趋缓；地方政府融资渠道受限，土地出让收入大幅减少，基建投资资金紧张，基础设施投资增速难以明显回升；全国房屋新开工面积同比降幅仍然较大，尽管一线城市房地产市场回升明显，但二、三线城市房地产价格同比继续下降、库存压力较大，总体上全国房地产投资增速仍将维持低速增长。二是受收入增速下行影响，消费增速趋缓。目前劳动者工资收入涨幅普遍趋缓，部分行业甚至负增长。三是外需将持续低迷。国际市场需求不足，出口订单减少；人力成本上涨，部分外商将生产线转移至其他新兴经济体，加剧订单减少；国际市场大宗商品价格持续下跌，压低出口品价格，拖累出口值增速。

劳动者就业压力加大，隐性失业问题突出。一是隐性失业增多，掩盖了当前就业市场的严峻性。由于就业统计制度不完善，部分失业未被纳入监测结果；员工下岗分流后企业仍缴纳社会保险，并不计入失业，但影响和风险与失业无实质差异。二是就业结构性矛盾仍然突出。高校毕业生、大龄下岗工人和低技能农民工就业压力较大；短期灵活就业、公益性临时性就业、保障性就业占比较大，新增就业的稳定性不强。

长期看，稳增长与防风险相辅相成。稳定的经济增长是化解财政金融风险的有效手段，防控好财政金融风险是经济持续增长的必要条件。现行模式下稳增长与防风险存在两难选择,主要原因是消费和外需不旺,稳增长主要靠稳投资;制造业和房地产投资前景不佳,稳投资主要靠基础设施投资;社会资本投资基础设施动力不足,基础设施投资主要靠政府;政府托底投资与债务约束又存在矛盾,规范地方政府性债务带来财政紧缩,进一步加剧经济下行压力。如果经济增速持续下行,又会带来大规模就业问题和财政金融风险的无序扩散。

要把握好稳增长与防风险的平衡,首先,要将现行模式逐步转换为靠激发市场活力培育经济增长内生动力的模式。要跳出"政府投资驱动型"的宏观调控模式,让市场在资源配置中真正发挥决定性作用,政府通过营造良好的制度环境激发市场活力。其次,在转换过程中,要注意保持经常性宏观政策的协调,把握好经济增长和债务增长的平衡。适当降低2016年经济增长目标,减轻财政、金融压力;落实积极的财政政策,摸清地方政府性债务底数,扩大债务置换规模和新增赤字规模;继续把握好货币政策的松紧度,灵活运用多种货币政策工具,保持流动性适度,引导商业银行加大信贷投放力度。最后,发挥好社会政策的托底作用。要实施积极的就业政策,加强职业技能教育,积极扶持创业,完善失业帮扶和社会保障制度,保持就业基本稳定,努力降低结构调整对人民生活的影响。

(二)运用多种货币政策工具增加市场流动性

2016年贷款新增量不会超过2015年,主要原因:一是2015年票据融资大幅增加,2016年票据融资新增规模难以继续加大。二是2015年金融机构向证金公司发放贷款超过1万亿元,2016年信贷投放中该因素难以再现。三是地方政府债券大量发行置换存量贷款,银行贷款余额相应下降。由于2016年经济增长继续放缓,实体经济信贷需求不足,加上风险不断上升,商业银行放贷意愿不强,置换增加的信贷额度很可能无法用足。

由于外汇占款的大幅下降,基础货币缺口较大。根据我们对外汇占款和财政存款变化趋势的估计,若不调整存款准备金率,2016年要实现12%的M2增速,需要新增基础货币3.30万亿元,基础货币缺口4.94万亿元;要实现12.5%的M2增速,需要新增基础货币3.44万亿元,基础货币缺口5.08万亿元;要实现13%的M2增速,需要新增基础货币3.56万亿元,基础货币缺口5.22万亿元。可见,2016年基础货币缺口较大。①

分季度看,2016年前三个季度的基础货币缺口较大。四季度由于财政存款下降,基础货币缺口收窄。央行要运用多种货币政策工具主动投放基础货币,减轻货币市场流动性压力。一是下调存款准备金率。由于外汇占款增长趋势逆转,以前通过外汇占款投放基础货币变为回收基础货币,这与经济发展所需求的货币供应量、基础货币的增长是有内在矛盾的,因此需要下调存款准备金率予以弥补。二是积极使用再贷款、常备借贷便利(SLF)、中期信贷便利(MLF)、抵押补充贷款(PSL)等工具补充市场流动性,并增强政策透明度,有效引导市场预期。三是灵活开展公开市场操作,通过逆回购、短期流动性调节工具(SLO)等调节市场短期流动性。考虑到长期流动性的缺口和各种货币政策工具的优缺点,2016年货币政策操作以下调存款准备金率为主,辅以常备借贷便利(SLF)、中期信贷便利(MLF)调节余缺,公开市场操作和短期流动性调节工具(SLO)等调节市场短期流动性和季节性流动性的操作模式,满足经济发展所需要的流动性,并实现货币市场利率的基本稳定。

---

① 2016年3月1日,人民银行下调存款类金融机构存款准备金率0.5个百分点,释放流动性6 226亿元,因此3月份以后基础货币缺口收窄6 226亿元。